智元微库
OPEN MIND

成 长 也 是 一 种 美 好

LTC与铁三角

从线索到回款

王占刚◎著

LEADS TO CASH PROCESS AND
IRON TRIANGLE ORGANIZATION BUILDING

人民邮电出版社

北京

图书在版编目（ＣＩＰ）数据

LTC与铁三角 : 从线索到回款 / 王占刚著. -- 北京:
人民邮电出版社, 2023.3
　（华为工作法系列）
　ISBN 978-7-115-60704-1

Ⅰ．①L… Ⅱ．①王… Ⅲ．①通信企业－企业管理－
经验－深圳 Ⅳ．①F632.765.3

中国版本图书馆CIP数据核字(2022)第236054号

◆　　著　　王占刚
　　责任编辑　刘艳静
　　责任印制　周昇亮
◆人民邮电出版社出版发行　　北京市丰台区成寿寺路 11 号
　邮编 100164　电子邮件 315@ptpress.com.cn
　网址 https://www.ptpress.com.cn
　天津千鹤文化传播有限公司印刷
◆开本：720×960　1/16
　印张：19　　　　　　　　　　2023 年 3 月第 1 版
　字数：300 千字　　　　　　　2025 年 8 月天津第 14 次印刷

定　价：88.00 元
读者服务热线：（010）67630125　印装质量热线：（010）81055316
反盗版热线：（010）81055315

为客户服务是华为存在的唯一理由，华为坚定不移地将以客户为中心作为企业核心价值观之一久久为功。营销是一门艺术，更是一门科学，科学是有方法论的，是有迹可循、有章可依的，这个"迹"就是LTC流程，这个"章"就是营销铁三角组织。王占刚老师以其丰富的实践经验和深厚的理论功底，翔实生动地解密了华为以客户为中心的底层逻辑和方法论，那就是建立健全并不断优化实践的LTC流程，打造在大平台下精兵作战的铁三角组织，用科学的理论和务实的方法证明华为的成功可以复制。

——中建科工发展有限公司董事长　段海

华为是一个秉承"以客户为中心"的信念的企业，但如果权当企业文化来建设，客户终究会沦为企业的"猎物"，华为如何将对客户的信念落实到战略，落实到组织（如铁三角），落实到端到端流程，落实到合同和财务四算，落实到干部和员工的考核与激励，对于这些问题，本书给出了非常清晰的答案。同时，王占刚老师又结合自身辅导企业的实践，将华为的客户管理智慧化繁为简，帮助众多企业消化与吸收。此书的出版既是他山之石，可以攻玉，也是抱朴之真！

——蓝血研究院创始人　杨爱国

王占刚老师是业界知名的营销流程和组织专家，他在华为工作 14 年，对华为的 LTC 流程和铁三角组织有非常丰富的实操经验，近些年又为多家百亿级企业提供营销咨询服务，在业界口碑很好。如今他把自己久经实践检验的干货汇聚成这本书，这对有志于把能力建设在系统之上的企业具有很强的参考价值。

——"学习华为三部曲"作者，华为原中国区规划咨询总监　邓斌

王占刚老师是引导我们进行流程化变革的良师益友，他亲历过华为营销流程的建设和推行，以一个实践者的身份，更具亲和力地引导我们更迅速地理解这一套营销流程体系。本书又是其经验的再一次系统性总结，能够从整体框架入手，抽丝剥茧地带领读者真正理解以客户为中心的营销理念。无论企业营销管理者、行业管理者，还是一线员工，包括各能力中心，都能在本书所描述的营销流程体系中找到自己的角色画像。本书言简意赅，通俗易懂，为企业的营销体系变革注入新生命力，为企业的数字化转型打下基础。

——深圳汇川技术股份有限公司营销变革项目组项目总监　刘光启

目 录
CONTENTS

营销流程篇

营销组织篇

最高的管理境界是建系统

人才、资金、技术都不是华为生死攸关的问题，这些都是可以引进的，而管理与服务是不可照搬引进的，只有依靠全体员工共同努力去确认先进的管理与服务理论，并与自身的实践紧密结合起来，以形成我们自己的有效的服务与管理体系，并畅行于全公司、全流程。

——任正非（摘自 1998 年《不做昙花一现的英雄》）

任何一家企业想要构建一个不依赖于人、无生命、可传承的管理体系，核心在于引入变革、定规则、建流程。小到项目重组，大到组织更迭，变革的过程中定然阻力重重，因为变革涉及资源、权力和利益的重新分配。

以华为IPD（集成产品开发）项目变革为例，尽管落实该项目的初心是增强公司产品的竞争力，但当时的情况却是，公司上下对项目反对声一片，连市场部门也表示反对。回想缘由，是因为IPD流程会对所有对象进行约束，建立相应的业务规则体系，规范大家的行为，明确责、权、利。

从响应客户需求的角度来看，在构建IPD流程前，市场一线主要是无压力、无责任地反馈需求，并不对需求的真伪、价值大小负责，但是在导入IPD流程进行需求管理后，每个人都要对自己说的话负责。售前营销部的部长要代表市场体系对需求的真实性进行签字确认，出现问题他会被问责。这一机制给大家带来了压力，因此导致人们在心理上产生抗拒，在行动上进行反对。

业务变革并不是一蹴而就的，它需要组织有一个内化和吸收的过程，所以在业务变革初期，生产效率在下降而不是在提升。从需求管理的角度来看，在导入 IPD 流程进行需求管理前，大家对于需求流程的理解很浅显，决策效率低，有时候针对一个需求就需要讨论半年，并且迟迟做不出决定。

企业由无序走向有序，由无规则走向有规则，是一个刮骨疗毒、破茧重生的过程，企业的管理者如果没有这样的认知和决心，业务变革就不可能成功。

流程体系的设计有两个核心要素：组织意愿和组织能力。

一些人不仅不相信管理能够创造额外的价值，甚至还可能担心管理会消耗很多资源，结果人浮于事，降低人均产出，认为管理者大多不创造直接价值，而会成为企业的负担。

这是对管理的一种误解。事实上，**好的管理能够实现减员增效。相反，空有想通过管理进步的愿望，没有良好的管理方法与手段，才是企业效率低下甚至走向衰亡的原因。**

华为于 1998 年做过的一次调查显示，当时其人均效益只是西方公司人均效益的三分之一，核心的浪费出现在资源和时间方面，并且是无效管理造成的。

营销变革的三重价值

营销变革具有成就客户、成就一线、成就企业持续有效增长三重价值。

成就客户

有效的营销变革让企业有能力用更优质的产品与服务持续为客户带来价值。但是如何才能做到这一点？关键在于持续深入地理解客户，做客户的知心人、同心人，像对待恋人一样对待客户，而且这必须是发自内心的，而不是短视、功利、虚情假意的。

从现在到可预见的未来，我们的客户面临的是剧烈变化的内外部宏观、微观环境，以及多变的行业政策、市场需求。

企业能否在行业中取得良好的发展，取决于三个重要因素。

1. 能否更好地满足并维系客户关系

经过多年的行业积累，客户的专业能力会越来越强，并且由于自身的经营压力，其总体支出下降，成本管理能力加强，会通过集中采购的方式挤压供应商的利润空间，减轻投资成本方面的压力，这给供应商企业的业务拓展带来了挑战。

挑战重点表现在两个方面：一方面，构建稳定可靠、可持续客户关系的难度越来越大，客户黏性与忠诚度降低；另一方面，由于客户专业能力很强，见多识广，企业对客户进行价值引导、价值传递的难度加大，很容易陷入价格战这一不利局面，难以获得理想中的利润。

2. 能否应对变化的竞争形势

竞争对手通过不断变革来提升企业实力，行业的机会窗⊖不断变短。未来的竞争将从产品、技术竞争向综合实力竞争转变。说到底，未来的竞争将是企业与企业之间关于管理的竞争。

3. 能否应对来自企业内部业务运营与管理的三大挑战

挑战1：能否提升员工的业务能力。以提升员工建立客户关系的能力，特别是针对高层客户的公关能力为例，许多员工之所以无法与高层客户建立稳定可靠的关系，并不是因为不够努力，而是因为其与高层客户之间天然存在资源不对等、能力不对等、地位不对等的拓展障碍。如何从管理、资源等方面支持和帮助员工完成公关任务，成就员工，是企业成就自身的根基和核心。

挑战2：能否激活员工对成功的意愿。很多企业的价值创造、价值评价、价值回报体系不合理，加速了员工特别是优秀员工的流失。如何构建合理的

⊖ 所需行动发生或做出决定的短暂时间窗口。——编者注

价值导向，是企业需要思考的问题。

挑战 3：各个体系能否在面向客户的价值创造的过程中实现有效协同。
面向客户的价值创造不是由营销体系独立完成的，这一过程离不开研发、生产、采购等诸多部门的支持及有效协同。

正如任总所言："未来的竞争将不再是企业与企业之间单点的竞争，而是一条产业链与另一条产业链之间的竞争。"我们与客户都是产业链中的一环，拥有一种共生关系，帮助客户取得商业成功，就是在帮助我们自己。

成就一线

营销变革的第二重价值是成就一线，具体体现为帮一线减负、为一线赋能、为一线提效。

1. 帮一线减负

变革的首要任务是减少其他因素对一线的非正常工作干扰。完美主义是变革的敌人，我们的变革团队对变革带来的工作量变化不敏感，更容易追求理论上的尽善尽美，这让变革在落地的时候阻力重重。

当年我在一线推行变革的时候，也经常向公司推行组抱怨："公司只花了几千元雇员工，你们以为雇的是孙悟空吗？如果这也做、那也做，那需要增加多少人？"不过，抱怨归抱怨，变革还是要持续、深入地推行。

推行变革工作的关键在于把握灰度，抓住主要问题和问题的主要方面。这要求我们必须把变革方案"吃透"，知道哪些内容是雪中送炭、必须坚持的，哪些内容是锦上添花、可以稍缓一下的，以此控制变革的内容和节奏。

每个公司都有大量牵扯一线员工精力却不能直接让企业产生效益的工作，比如内部沟通、汇报等。在变革推行前，公司首先需要给一线员工减负，减少一线员工的非增值业务，也就是非客户界面的工作。

举个简单的例子，对于一线普通员工而言，贴报销单可能比见客户还重要，因为不报销就没钱用，而公司对于报销又有很多严格的要求，比如票据分类方式、票据粘贴格式等。一些一线的销售人员比较粗心，有时候贴不对，报销单就会被财务人员退回去重贴，这非常浪费时间。

当时，我们就在代表处平台雇了一个本地留学生，专门负责贴报销单，他一个月工资几千元，把报销单贴得又快又好。此外，为了减少组织对一线工作的干扰，比如向一线调取各种数据等，我们规定数据要由销售管理部统一调取，不允许个人直接向一线员工调取数据，这也有效减少了非必要的工作汇报。

给一线员工释放、减轻工作，并非让一线员工在家休息，而是为了更好地提升一线员工的工作质量。一方面，在客户界面，依据流程的要求增加一线员工拜访客户界面的频次与质量，通过团队协同更好地了解客户，提升项目质量；另一方面，引导一线员工围绕贴近客户、了解客户展开工作。

通过这样的工作梳理，一线员工在客户界面的工作时间增加了20%~30%，这相当于增加了20%的一线员工，而且是熟悉客户、经验丰富的一线员工。

2. 为一线赋能

有效的营销变革可以给一线提供更多的资源和权力，让听得到炮声的人来指挥战斗，构建责、权、利一体的"作战"指挥系统。

当时，华为营销变革中一个很重要的变化就是决策权向一线延伸。为什么要这么做？因为在以前的决策模式中，做决定的那个管理者并不是问题的主要责任人。

举个实际场景中的例子，在以前的合同评审中，如果商务超过了授权范围，公司必须升级决策，比如一单合同超出了代表处授权范围，就需要升级到地区部决策；超出了地区部授权范围，就要升级到公司"片联"[⊖]组织决策；如果超出了市场体系的授权范围，则需要升级到研发产品线决策。

当时采用的是"一单一议"的规则，即便代表处上一单合同赚了 1 亿元，但是如果这一单合同要亏 1000 万元，代表处也是无权审批的。"一单一议"的规则是不合理且不符合业务实际情况的，主要问题在于各级合同审批领导是对事情负责的人，而不是对代表处经营结果负责的人。针对单个事件，管理者一定会基于自己的岗位职责进行风险防范。

基于此，一线为了突破限制，便将多个合同（既有赚钱的也有亏钱的）打包，一起提交评审，确保总利润水平符合授权的要求。久而久之，上下之间形成了博弈的局面，而且这种博弈并没有识别风险、改善业务质量。鉴于

⊖ 2013 年，华为在内部成立片区联合部（简称"片联"），该组织主管华为内部干部队伍的循环流动。——编者注

这种做法本身有局限性，亏钱的情况仍在所难免且经常发生。

在推行营销变革后，公司对于一线的管控方式发生了变化：对于单笔合同，一美元的合同也允许一线签。管控方式变成了财务管控，即基于代表处的年度财务报表进行管控。这样，一线代表处只要在年终能够完成对公司的财务承诺，在经营上就可以拥有相当大的自主权。

变革后的责、权、利清晰合理多了，因为一线代表处的代表是本区域经营主体的第一责任人，理应有相应的决策权。公司通过这样的授权前移，使组织扁平化，压缩了中间层，减少了非必要的管理成本。

3. 为一线提效

营销变革为一线带来的第三个作用在于拉通端到端的营销流程，打破部门墙，提升一线协同运作效率。如果只摆脱杂乱的行政管制，仅依靠功能组织进行管理，而不丰富流程化管理的内涵，有效拉通流程的上下游，完善基于流程化工作对象构建的管理体系，组织行为便很难达到可重复、可预期、可持续、可值得信赖的程度，人们也会习惯于根据管理者的头衔判断是否执行指令。

工作组是从行政管制走向流程管制的一种过渡形式，它对打破部门墙有一定作用，但对流程化构建弊大于利。一般来说，工作组人数逐步减少的地方，流程化的构建与运作会比较成熟。

变革的目的，是改变一切不适应及时、准确、优质、低成本地实现端到端服务的事物。通过持续的管理改进，公司的运作从粗放变得更精细，有了较大的进步，但面对未来市场发展趋缓的形势，公司应通过管理进步更多地获取效益。

主业务流的流程化组织的构建和管理系统的构建是企业的长期任务。以华为为例，它并不主张大幅度的变革，而是主张不断改良，耐得住性子，谋定而后动，将"投标、合同签订、交付、开票、回款"作为贯穿公司运作的主业务流，承载公司主要的物流和资金流。

成就企业持续有效增长

变革还有助于成就企业持续有效增长，这具体体现在以下三个方面。

1. 提升组织的运作效率，即提升组织绩效

组织的运作就像挤毛巾里的水，每个企业其实都有较大的提升空间。提升组织绩效是提升企业盈利能力的方式之一。

以落实 100 万元的合同为例，一个团队从项目跟进、落单到回款，花了 100 天，而另一个团队只花了 90 天。从账面上看，两个团队的绩效评价可能是一样的，都产生了 100 万元的收入，但实际上，这两个团队给企业创造的价值是不一样的，90 天就完成项目的团队，绩效应该更优异，因为他们提前 10 天释放了资源。

2. 提升客户满意度

怎样才能让客户选择你，并且对你产生依赖？这需要你时刻关注客户的反馈，也就是客户的满意度。

"客户和我们签订合同那一刻，是我们与客户合作的开始，而不是结束。"华为市场体系中的这一观点值得每家企业思考、借鉴。很早以前，华为就把客户满意度作为工作检视中的重要内容。

客户之所以会放弃与一家企业合作，在很大程度上是因为对企业产生了深深的失望，他提出的问题可能一而再，再而三地得不到解决。

3. 帮助企业实现可持续的盈利性增长

每家企业都必须保持合理的成长速度。如果不保持合理的成长速度，企业就没有足够的利润支撑自身的发展。信息的广泛传播、信息网络的加速扩大以及新产品和新技术的发展，要求企业把握住机会窗短暂开启的时间，获得规模效益，否则，企业的发展势必会越来越困难。

如果不保持合理的成长速度，企业就没有足够的能力给员工提供更多的发展机会，也难以吸引更多企业需要的优秀人才，而优秀人才是企业管理优化、持续发展的基础。

如果不保持合理的成长速度，企业就会落后于竞争对手，最终走向衰亡。

管理体系流程化构建要点

在阅读本节前，我请大家思考两个问题：流程是什么？企业为什么要构建流程？实际上，很多企业及其管理者在流程构建过程中对于这两个问题的认知相当模糊。

大多数人之所以重视流程，有两个原因：一是在与众多企业家及管理者交流的过程中，发现流程化管理似乎是未来企业管理的发展趋势；二是看到一些企业，例如华为，通过流程化管理取得了卓越的成就。

而对于企业中承接流程构建工作的员工来说，重视流程主要的原因在于这是管理者交代的任务。至于流程究竟是什么，流程有什么价值，绝大部分人从头到尾并不清楚。

企业进行变革管理与流程构建的源头是企业战略。华为树立了"未来的通信行业将三分天下，华为将占一分"这一长远、宏伟的战略目标，但理想与现实之间横亘着巨大的能力差距。为了缩小这个差距，企业需要通过变革建立标准化的流程，并建立与其战略诉求相匹配的能力。

企业的能力建设并非朝夕之功，管理改进是企业战略管理中的长期任务，需要通过与企业发展相匹配的变革规划来逐步实现。

营销业务流程化管理的价值

营销组织是企业应对外界变化的第一道防火墙，当行业机会来临的时候，它可以帮助企业抓住机会，支持企业高速发展。即使行业形势不好，企业也可以像冬小麦一样，把根扎得更深，积聚力量，深耕客户，经营得比竞争对手更久、更好。

管理营销业务的困难在于不同销售项目的业务差异性大，因此管理的差异性也大。从管理的角度而言，有共性的业务容易实施有效的管理，比如丰田的精益生产。而销售业务的多样性让管理变得很困难，同一个项目如果让10个人运作，可能有10种做法，其中有5个人取得了成功，但要评判谁做得最好，则需要借助管理者的经验。这就产生了对人的依赖。

流程对业务的价值在于，可以让企业逐步摆脱对人的依赖，帮助企业对营销的多样性业务进行标准化的定义和管理。

具体而言，**流程是企业的核心战略资产**。

华为的管理体系是通过业务全面流程化实现的，我们可以将其分成两方面来看。

一方面，华为的流程是理论与实践相结合的，它不是凭空产生的，也不是几个天才的"灵光一现"。流程是用金钱和教训换来的优秀业务实践成果，是不断积攒和持续经营的企业核心战略资产。流程要不断吸收好的业务实践，不管它是自己的，还是竞争对手的，不能狭隘。把流程固定下来再推广出去，企业就可以把 A 项目中的优秀经验制度化地复制到 B 项目上，这就是管理的进步。

另一方面，流程也规定了业务的管控要求，特别是规定了针对已识别领域（法律、法规、财务、内控、质量等）风险的规避措施和应急措施。构建企业的流程体系就是构建企业的运营系统，是把质量、运营、内控、授权、财务等要素放到流程中一起运作。

流程在构建之初，可以帮企业解决问题。为什么？因为以前没有规则，现在有了清晰的规则；以前没有标准，现在有了质量标准。比如，企业想提升项目的赢单率，首先就必须把握商机的源头，选择高质量的商机立项，选择性地放弃那些风险较高的机会，从而提升公司的资源使用效率，获取理想的投入产出比。可是如果没有统一的定义商机质量的标准，每个人对于收益与风险的理解不一致，企业就无法取得理想的管理效果。

流程能够给企业带来的更大的价值，在于帮助企业杜绝类似问题，也就是问题发生后，企业可以通过流程保证此类问题不再发生。这是流程的更大意义和更高价值。没有企业能够不犯错误，但是如果一个企业不犯重复的错误，那组织运作的成本将会变得极低。

很多管理者认为把控制点加到流程中可以预防风险，但效率也一定会下降，这是这些人的惯性思维。事实上，如果业务本质清晰，企业建立了流程并且能时不时地维护流程，管理体系就应该能够平衡流程、组织、运作、成本、质量的关系。

也有很多管理者觉得专注于质量，成本就变高了。实际上，如果沿着流程把质量做好，就可以把海量简单且重复的事都按要求一次性做好，同时可以降低不良品率，做到不返工、不窝工，这样做效率最高，成本最低。在这个过程中，可能会出现业务流短暂变慢的情况，但基于流程实现的快，才是可复制、可成长的，更重要的是，才是能呈线性增加的。

所有公司都想发挥大公司的优势，同时又想保持小公司的效率。只要流程能够反映业务的本质，就真的会使公司扩张得很大，同时又像小公司一样敏捷。能帮助企业实现此目标的只有业务操作系统，基于此系统进行的业务运营才是卓越运营。

流程为业务带来的三个好处

流程之于企业的价值不是轰轰烈烈的，而是静水潜流、悄然无声的。流程的应用可以为业务带来三个好处。

1. 让业务标准化，并持续迭代优化

流程瞄准解决客户问题、实现客户价值，这正是"以客户为中心"的最好体现，并且基于此，系统才会不断迭代，让新人迅速理解和适应岗位的要求，承担组织职责，让企业摆脱对"能人"的依赖。现在有些企业的管理"唯上而不唯实"，管理规定自相矛盾，朝令夕改，没有价值导向，"想一出是一出"。而好的流程会让业务越转越顺，让员工理解企业的价值导向，通过流程引导人向善。构建好了流程，其实就是形成了一个系统，而通过系统高效又低成本地承载、实现这样一个与客户交互、成就客户价值的业务流，这不

就是"以生存为底线、以客户为中心"吗？

2. 让企业学会如何管理业务，知道什么该管，什么不该管，做到有所为，有所不为，不给业务添乱

随着企业规模的扩大，很多企业会出现管理能力跟不上扩张速度的情况，在这个阶段，很多管理者会觉得是因为员工进步太慢才出现这一情况。在变革过程中，企业发展到了一定的阶段，会出现每个人都跟不上企业发展的情况。如果管理者和高层的认知处于瓶颈，企业就会出现管理上的错位——总经理去做副总经理的工作，副总经理去做总监的工作，总监去做员工的工作，而员工则整天谈论公司应该往哪里走。

有个企业家对这种情况做了一个很形象的比喻：上级去耕下级的田。而高质量的流程，可以让员工知道如何做事、让主管知道如何管事、让高管知道如何思考。

很多做业务出身的管理者会有一种焦虑心理，总觉得不管一点儿什么心里就不踏实，他们不关注公司的整体利益，只孤立地在局部领域思考自己的管理进步，这种局部的管理进步往往还是以牺牲其他部门的利益为代价才实现的。

对于企业而言，所有的事情都可以分为突发事情和例行事情这两类。突发事情需要人去处理，这就是管理者发挥价值之处，而例行事情的管理则应交给流程。

当企业不断地把优秀业务实践成果固化进流程，并且在流程中对所有的业务风险与缺陷进行管控与预防后，企业的管理能力就会越来越强大。流程构建不仅能为管理者提效，还能为所有人提效。流程不会让大家失业，而是让大家更好地发挥自己的价值——不仅发挥管理者的价值，更发挥所有人的价值。

3. 让我们相对客观地评价业务做得好不好

评价业务依靠的是流程质量评价体系，即通过流程指标进行业务监测。

举个例子，在华为的营销流程中，有一个评价指标被称为"项目立项及时性"。它指的是如果重大项目从项目立项到签单的时间间隔少于 30 天，系统会自动判定这个项目存在质量缺陷。

为什么要这样规定呢？因为在华为所处的通信行业，项目通常金额大、周期长、决策复杂，如果从立项到签单的时间间隔过短，企业对于客户的引导、公关、价值传递及与客户进行的方案交流就会不充分。在没有充分展示项目优势的前提下，获取这个合同很可能就是以牺牲交易质量为代价的，比如交易的利润空间低，或者企业的其他承诺增加了企业的成本，损失了本来能获取的利润。

这个评价指标反映了企业业务运作与管理中存在的两种隐患。一种是"无知"，即一线团队发现项目机会的时间太晚，仓促应战，对客户的关注度不够；另一种是"无耻"，即一线团队早已发现某个项目机会，但是项目有很大风险，一线团队担心因丢单被问责，故意瞒报，等到项目情况明朗了，自己有把握了，才申请立项，以便申请重大项目参与评奖，是一种既想得到好处又不想被监管的性质比较恶劣的行为。所以一旦这个指标出现问题，质量部门就需要启动管理回溯工作，定位问题，找到具体原因。

当然，想利用流程质量评价体系对业务进行监测，需要建立在业务已经按照流程要求稳定运行的基础上，这无法一蹴而就。对于绝大部分企业而言，在现实中需要先解决业务如何做、业务如何管的问题，再把业务运转起来，这样才有可能评价业务好与不好。

企业构建流程的原则是总体设计、分步实施、不求完美、急用先行，其中构建流程会面临以下两个挑战。

第一个挑战来自企业原有的强大的组织习惯与个人习惯。一些习惯形成于以往业务的成功。

第二个挑战来自人。人有时喜欢标新立异。企业构建流程，是希望减少对能人的依赖，但是作为组织中的个体，每个人都有自己的立场："如果别人怎么做我也怎么做，那怎么体现我的能力？"这是一部分人的弱点，也是现实中存在的问题，很多人会试图挑战规则以证明自己的能力，因此流程构建史也称得上是一部斗争史。我们现在看到的流程不一定是最优的，它可能是各个体系妥协的结果，一个组织内的平衡也因此得以达成。

应该如何构建营销流程

在企业构建流程管理体系的过程中，业务流程体系的构建尤其困难，因为业务流程要覆盖具体的业务场景。管理比较容易发力的地方集中于有业务共性的事情上，此时企业可以通过管理强化业务的一致性。但是管理营销的难点在于，没有两个项目是完全一样的，企业无法梳理出业务共性，所以不知道要管什么、怎么管。这也是很多企业面临的问题。

对于营销体系的管理，大部分企业依赖主管的个人经验与理解，换一个主管，企业的管理方式和管理重点都可能发生变化，这样无法积累有效的管理经验。因此构建营销流程是在公司的标准化管控与实际业务的差异性之间取得一个平衡。在这方面，华为通过长期的摸索，逐渐形成了一套完整的管理体系以及有效的理论与指导方法。

企业的管理体系要承接战略的落地，帮助企业实现战略目标，因此设计管理体系是企业落实战略的关键举措之一。构建营销流程的第一个核心概念是流程分层，这个分层不是指物理意义上的分层，而是指一种业务梳理、再定义的方法，它有点儿像剥洋葱。分层是为了把事情看得更清楚、说得更明白。我们以销售的从线索到回款（Lead To Cash，LTC）流程为例，站在业务的角度进行流程分层并梳理出流程分层逻辑图（见图 0-1）。

1. 主干清晰：流程分层设计，总部自上而下地完善 LTC 流程顶层设计

第一层（L1）明确了流程对于业务的价值，即 LTC 流程要帮助企业生成高质量的合同；第二层（L2）规定了流程的业务范围，包括业务的最佳路径，以及围绕最佳路径需要构建哪些能力；第三层（L3）展开了二级流程的业务逻辑，包括关键控制点（KCP）与关键决策点（KDP），用于落实企业的方针策略及管控要求。这三层流程由企业层面严格统一，各个体系之间的业务集成，包括流程的 IT 化建设，需要依靠三级以上的流程作为业务模型。

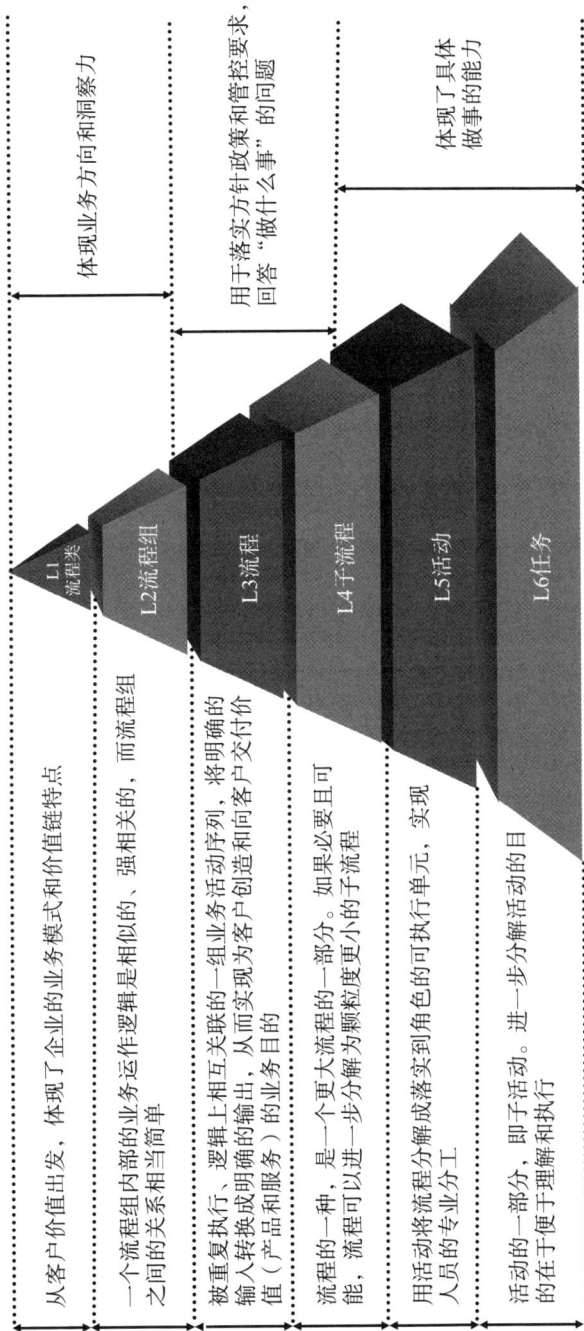

图 0-1 流程分层逻辑图

体现业务方向和洞察力

L1 流程类：从客户价值出发，体现了企业的业务模式和价值链特点

L2 流程组：一个流程组内部的业务运作逻辑是相似的、强相关的，而流程组之间的关系是相当简单

用于落实方针政策和管控要求，回答"做什么事"的问题

L3 流程：被重复执行，逻辑上相互关联的一组业务活动序列，将明确的输入转换成明确的输出，从而实现为客户创造和向客户交付价值（产品和服务）的业务目的

L4 子流程：流程的一种，是一个更大流程的一部分。如果必要且可能，流程可以进一步分解为颗粒度更小的子流程

体现了具体做事的能力

L5 活动：用活动将流程分解成落实到角色的可执行单元，实现人员的专业分工

L6 任务：活动的一部分，即活动的进一步分解。进一步分解活动的目的在于便于理解和执行

21

统一流程标准，明确管控要求，提升流程的规范性和标准化程度，稳定架构，企业才能有效进行管控。质量也是其中关键，质量要求必须构筑在流程中，包括特定形式的质量要求，比如内控、信息安全、网络安全。在各个体系的流程之间（比如市场部门与研发部门之间），要明确定义关键数据标准及集成要求。流程是一个动态的管理体系，企业要在流程优化过程中不断吸收并固化一线的优秀业务实践经验，提升流程的场景覆盖率。流程聚焦结果，因此企业要以目标为牵引，以结果为导向，加大流程授权，做好赋能支撑。

2. 末端灵活：根据区域适配业务，自下而上构建流程"最后一公里"，提升一线作战能力

前面讲到，前三层流程在企业层面是严格统一的，但是到了第四层（L4）流程，就涉及各个角色在不同的业务场景中的具体动作。不同区域确实客观存在风俗习惯、政策法规等方面的不同，一些国家（地区）的法规比较特殊，在市场的方针、政策和管控要求方面有些特殊的要求，各地区部仅被允许在第四层流程上进行本地业务适配工作，并且其适配工作必须通过公司批准才能落实。

第五、六层（L5、L6）流程主要为工具与模板，致力于提升做事的效率与质量，各代表处仅能做第五、六层流程的适配工作。流程末端可以灵活，但流程主干必须清晰，企业需要严格管控流程的变化。

虽然第四、第五、第六层流程允许在不同区域层面进行适配工作，以增强流程覆盖业务场景的能力，但这样做的前提是各组织或部门必须遵守以下

四条原则。一是必须遵从总部的流程管控与数据集成要求。二是在全球统一标准的第五、第六层流程的基础上，根据本地业务场景进行与流程适配的工作。三是流程必须端到端地匹配客户的所有业务场景，打通交易、交付环节的业务对接点，完美匹配客户需求的整个生命周期。四是在总部流程集成的基础上，从一线视角进行内部流程集成工作。实际上这就是以客户的需求实现情况、客户的业务场景反向验证企业的流程是否正确，确定是以客户为中心，还是以自我为中心。

构建流程第二个核心概念是组件化、模块化。想构建流程，就要定义业务最佳路径，但是只定义最佳路径是不够的，构建流程的目的是在业务中实现质量、成本、效率的平衡，因此企业想构建完整的流程，除了要定义业务最佳路径，还要在流程中包含实现优质、高效、低成本的业务目标所需要的相关能力，这样才能保证业务目标是可实现的。

以LTC流程为例，一级流程是从线索到回款，二级流程包含营销战略流程、执行流程、管理流程、使能流程。其中执行流程上的管理线索、管理机会点、管理合同执行，对应着企业对业务最佳路径的理解；而管理流程中的管理项目、管理项目群、管理授权与行权，是企业保证业务最佳路径顺利实施需要具备的能力，这就在各个流程中形成了不同的部分。

我们可以将其想象成金字塔，自上而下分为不同的层，每一层又分成不同的小块。这么做便于我们定位业务中出现的问题，并且在解决问题的时候不对周边的流程产生影响。相反，如果没有流程分层的概念，业务逻辑不清楚，构建的流程就很难被看懂。

基于三个"对准"打通营销流程"最后一公里"

华为的营销流程是基于公司自上而下的战略解码，以及由客户界面的倒推卷积得出的。营销流程的好与坏取决于能否真正解决"最后一公里"的问题。很多企业在构建营销流程的时候经常会纠结流程做得对不对、全不全，对此，企业有检验的方法，那就是基于三个"对准"完成"最后一公里"的营销流程构建。

1. 对准客户流程

企业构建流程时经常会涉及"端到端"这一基本概念，但对于究竟什么是端到端，大家的理解是不一致的。徐直军曾经在《谈业务、流程、IT、质量、运营的关系》这篇文章中表示："所有和客户相关的业务流，天然是从客户到客户的，我们围绕业务流开展工作的时候必须瞄准客户，以客户为中心。因为我们本来是围绕客户创造业务价值的，不能脱离客户。"也就是说，企业的业务流程要体现服务客户的过程。

很多企业的流程看起来非常复杂，但是仔细分析后我们会发现那些主要是内部流程。如果站在客户的视角来看，流程只覆盖销售订单获取、产品或服务交付的业务场景，这样的流程是段到段的，而不是端到端的。

那什么才是真正的端到端呢？

企业能为客户创造价值的原因是企业能发现、理解、满足客户的需求，而客户需求的源头在哪里？客户需求其实来自它的战略。客户作为一个独立的商业组织，当它确定了战略，选择了某一业务模式时，那它的需求也就同时产生了，所以要从源头，即战略层面把握客户需求。客户的战略会影响企业，而企业对未来趋势的判断也会影响客户。企业的战略应该与客户的战略相匹配，最好的机会不应该是客户告诉企业的，而应该是企业告诉客户的。华为把客户关系的最高境界称为战略合作伙伴关系，原因正在于此。

但是在现实中，绝大部分企业的战略并不是基于对客户的深入洞察而制定的，而是以自我为中心闭门造车、想象出来的，这样的战略如何能对企业起到指路明灯的作用？企业在构建营销流程的过程中，对客户流程进行了大量的梳理，梳理的过程也是深入理解客户业务的过程。客户流程包括客户战略流程、规划预算流程、采购流程、验收流程、付款流程等，企业梳理客户流程时要注意覆盖客户需求的整个生命周期。LTC 流程中的管理营销战略、管理线索、管理机会点、管理合同执行，实现了与客户流程的完美契合。

2. 对准业务痛点

我们要通过构建流程来解决企业在服务客户过程中出现的一些具体的业务问题，它们有可能在同一体系的不同部门之间，比如营销体系的售前与售后部门之间出现业务脱节；也有可能在不同体系之间，比如研发体系与市场体系对客户需求的理解不一致。

在营销变革的第一个阶段，仅是问题的收集及讨论，前前后后通常就要花差不多半年的时间。为什么要花这么长时间来做这件事？因为做这件事的过程也是一个给变革松土、构建共识和获取彼此承诺的过程。在这一过程中，企业需要理解下面两件事。

一是流程不能解决企业的所有问题，企业永远会存在问题。我还在华为任职的时候，有一次和其他管理者开玩笑，说："像华为这样的公司为什么能做得这么好？"离开华为后，我因为工作接触了很多不同行业、不同规模的企业，才发现没有企业是尽善尽美的。

这就好像我们并不是生活在一个无菌的环境中，每个人身上都有很多细菌、病毒甚至寄生虫，但是只要不生病，我们就认为自己是健康的。构建流程的目的是解决企业发展过程中的主要问题和问题的主要方面。有人把流程形象地比喻成企业的免疫系统，我认为这个比喻非常贴切。从医学方面讲，人类90%以上的疾病要靠自身的免疫系统来治愈，医学上的很多手段实际上是在为人体的免疫系统争取反应的时间。流程就是企业的免疫系统，流程的运营管理至关重要。

二是企业作为一个商业组织，是一个有机的整体，组织与组织之间的活动存在相关性，问题往往不是由一个因素引发的，其影响也不会仅局限于某个部门。比如市场部门总是抱怨供应链部门供货不及时，但是供应链部门也很委屈，它们会抱怨市场部门的预测总是不准确，影响了后端的物料准备。站在各自的位置上看，双方的抱怨都是客观现实，但问题的产生也确实与双方都有关系。

那么怎么解决问题呢？首先要建立双方对这个问题的共识，即供货不及时会影响客户满意度，削弱企业的市场竞争力，因此这一问题必须得到重视并被解决。在解决问题的过程中，大家都得出力，供应链部门提出了要求：如果市场部门能够把要货预测准确率提升到85%以上，那么供应链部门就承诺交货期可以在原有基础上提前 10 天。如果市场部门答应了这个条件，那么彼此的承诺就会成为流程的质量标准。

要想让流程运转，需要形成一种人人为我、我为人人的业务状态，在这个过程中，有些部门需要做出牺牲，牺牲自己的局部效率来提升端到端的整体效率。因此在构建流程的初期，企业难以形成最佳的业务状态，最终的流程很可能是各部门间平衡和妥协的结果，但是这种平衡和妥协是各部门都认可的。

有一个著名企业家问过我一个问题："有没有可能我亲自下场，带着大家花半年时间把流程构建出来？"我回答："千万不要，因为你的权力过大，你的话就会成为流程的规则。如果你的话是错的，没有力量可以平衡和制约它，错误的规则在实际业务中一定会造成不良的后果。"

3. 对准内部流程集成

企业是一个有机的整体，依靠各个部门的协作为客户创造价值。华为是一个全流程型公司，其研发、交付、采购、供应链、财经等业务都是全面流程化的，有自己的流程责任人。

市场部门与研发部门之间的业务交互，就通过流程与流程之间的集成实现，比如市场部门想向研发部门提出客户需求，需要通过需求流程传递给研发部门，而研发部门对于市场部门的承诺也会通过需求流程传递给市场部门，这个传递的点叫作集成点，集成点会明确双方的职责、分工、协同机制与质量要求等。

比如在项目的客户需求中有一个明确的要求，那么，客户的"需求"通过 IT 系统的电子流传递到研发部门后，研发部门必须在 72 小时内回复需求是否被接纳，以及如果接纳，什么时候能够提供产品。这样的业务集成可以提升企业的组织运作效率。

标杆案例：华为的流程管理框架

华为是一个全流程型公司，它将所有的活动纳入 15 个一级流程里面（最新的一级流程有 17 个，增加了零售流程与渠道流程），构建了业务运行的堤坝（见图 0-2）。

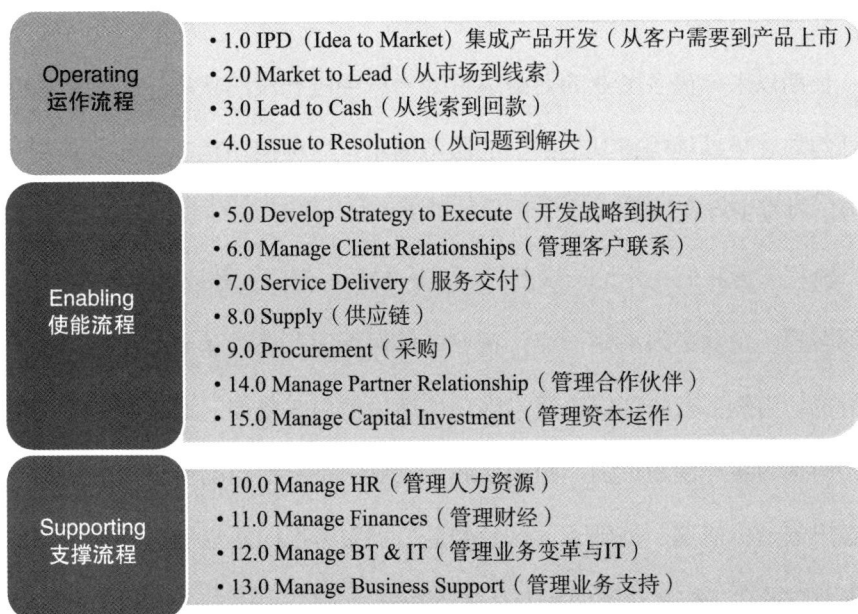

Operating 运作流程	• 1.0 IPD（Idea to Market）集成产品开发（从客户需要到产品上市） • 2.0 Market to Lead（从市场到线索） • 3.0 Lead to Cash（从线索到回款） • 4.0 Issue to Resolution（从问题到解决）
Enabling 使能流程	• 5.0 Develop Strategy to Execute（开发战略到执行） • 6.0 Manage Client Relationships（管理客户联系） • 7.0 Service Delivery（服务交付） • 8.0 Supply（供应链） • 9.0 Procurement（采购） • 14.0 Manage Partner Relationship（管理合作伙伴） • 15.0 Manage Capital Investment（管理资本运作）
Supporting 支撑流程	• 10.0 Manage HR（管理人力资源） • 11.0 Manage Finances（管理财经） • 12.0 Manage BT & IT（管理业务变革与IT） • 13.0 Manage Business Support（管理业务支持）

图 0-2　华为顶层设计的 15 个一级流程

流程主要分成三类：运作流程、使能流程、支撑流程。

运作流程也叫价值创造流程，包括集成产品开发、从市场到线索、从线索到回款、从问题到解决的流程，属于强客户界面流程；使能流程用于支撑业务流程的成功，包括战略、交付、供应、采购等流程，能够提升运作流程的能力与质量；支撑流程属于平台类流程，包括人力资源、财经等流程，提供企业公共服务，也是不可或缺的基本能力。

流程架构的三个重要理念

流程架构是企业管理体系的顶层设计，完成流程架构的过程是企业重新认识业务、重新定义业务的过程，在这个过程中要塑造三个重要理念。

1. 应该端到端而非段到段地理解业务

长期以来，很多企业的业务运行处于一种段到段的状态，特别是后端平台部门总在被动地等待其他部门的服务请求，这种被动状态会导致其在服务响应的过程中存在滞后。

流程告诉我们，无论一线部门还是后端平台部门，都应该主动理解市场、理解客户。企业必须清楚一点：企业中任何部门存在的基础都是能为客户创造价值。当然，有些部门直接为客户创造价值，有些部门通过服务于其他部门，间接为客户创造价值。归根结底，企业中各个部门的价值一定要建立在为客户创造价值这一基础上。这会倒逼后端服务部门建立业务型组织，比如实现业财融合、构建业务型人力资源体系等。

2. 企业的不同组织为客户创造价值的能力不同

这也是把流程分为运作流程、使能流程、支撑流程的原因。

这么做有什么好处呢？企业可以更好地评价各个体系创造的价值，从而牵引、激励它们创造更大的价值。

稻盛和夫在阿米巴经营中建立了内部定价机制，即把企业各个部门的服务都定义成产品，制定合理的价格，明确企业内部价值链中各个部门的价值创造能力，从而确定各个部门的价值贡献。

华为的观点与其类似，认为企业的组织运作必须能清楚体现内部价值链的价值创造，华为采用的具体方法是在不同体系中建立"责任中心"制度。

比如在华为，研发部门和市场部门都属于"利润中心"，都要为产品的市场成功负责，所以研发部门和市场部门都是一线部门，都要管理好各个投资组合。研发部门要管理好产品投资组合、技术投资组合等，市场部门要管理好区域投资组合、客户投资组合等。华为对"利润中心"的考核包含收入、利润、现金流等指标，重点在于为企业开源。

相对应的，供应链部门则属于"成本中心"，华为对其考核包含优质、高效、低成本等指标，重点在于构建基线化管理。比如某年某个产品的平均成本是10000元/台，那下一年能不能把平均成本降到9000元/台？由于成本改进空间有极限，不可能降到0，比如降到8000元/台就到极限了，那供应链部门该如何改进自己的管理呢？成本没有改进空间了，可以在效率上想办法，比如之前的交货期是30天，那么下一年能不能改进为25天？

基线化管理要求组织构建稳定而不是飘忽不定的服务能力。在服务质量稳定的前提下，组织日积月累，持续提升服务能力。

华为通过对内部价值链的深入理解，建立了"责任中心"制度，根据战略解码为各个体系设立正确的绩效考核指标，同时根据价值创造能力的大小，为不同的责任中心建立差异化薪酬分配体系。比如华为的市场部门与研发部门都属于公司中收入较高的部门，而供应链部门与后端平台部门的收入就要低一些。

3. 流程要有明确的价值评价方式

流程究竟为企业创造了什么价值？我们该如何去评价它？

比如华为在某个财经体系的流程变革项目中明确提出了准确确认收入、加快现金流动、经营风险可控、项目损益可见这四个核心诉求。

准确确认收入，即为各级经营单元提供可靠的数据报表；加快现金流动，即提升企业的资金使用效率；经营风险可控，意味着审计、监控的职责要由财经体系来承担；项目损益可见，它是营销流程变革中最关键的一点，目的在于化繁为简，把项目变成业务管理的最小单元，在大项目中实现概、预、核、决四算拉通，把每个项目的账都算清楚。如果没有财经能力在底层作为支撑，就无法实现这些核心诉求。

华为营销流程的三个阶段

华为对营销流程的理解经历了三个阶段。

1. 流程就是业务本身

现在有不少企业对于流程的理解还停留在这个阶段，即把现有的业务过程显性化，整理成流程文件或再加上流程视图，将其视作标准作业流程，用以指导员工的工作。

这样构建的流程有好的方面，它使员工对业务的认知形成一致性，即按照流程的要求用同样的方式完成工作；但是也存在不好的方面，因为现在使用的方式本身就可能存在很多问题。

比如，华为在构建营销流程之初也梳理了业务现状。以一个海外合同的审批过程为例，合同走完全部审批流程，上面盖了 23 个章；一个需求的全生命周期，在华为要经过 460 个节点的处理。大量的无效管理在消耗企业的资源。

随着对业务的理解逐步深入，并且对流程工具和理念更加熟悉，华为对流程的认识进一步加深，对流程的理解进入第二个阶段。

2. 流程并不是业务本身，流程是业务最佳路径的汇总

徐直军曾以"条条大路通罗马，但总有一条是最近的"这一形象的比喻形容流程。

那怎么做才能得到业务的最佳路径呢？有两点很重要。

一是减少非增值活动。流程需要端到端地为客户创造价值，而不是段到段。当企业的管理是基于职能而非流程进行时，就会产生大量无效的管理行为以及大量被隐藏的管理浪费。

前面提到过，走完一个华为海外合同的审批流程原来要盖23个章，但是经过流程优化，海外合同只要盖3个章就可以归档了，这极大程度上提升了业务效率。但是很多企业仍然基于问题去解决问题，并没有发现隐藏的问题，管理者疲于奔命，到处救火。头疼医头，脚疼医脚，成为管理的常态。

那么应该如何识别企业中的非增值活动呢？

徐直军有一段话说得非常好："主业务流程是直接为客户创造价值的流程，所有组织要么必须工作在主业务流程中，要么支撑好主业务流程为客户创造价值，否则就是多余的组织。"也就是说，企业的所有业务活动都要回归于为客户创造价值，企业应端到端地梳理所有体系的业务活动，如果一个活动不能直接或间接地为客户创造价值，那么这个活动就很有可能是非增值活动。

二是减少非增值管控。管理本身并不增值，而且会消耗资源。企业可以把端到端地为客户创造价值的过程理解为一条高速公路，企业的管理活动就相当于在高速公路上设立收费站，如果每隔100米就设立一个收费站，那汽车就跑不起来，并且运行成本会很高，而这些成本最终都要由客户买单。

如何判断管理是否有效？可以通过以下这个问题来判断。

这个管理活动能不能提升业务质量、控制业务风险？如果能，这个管理活动就有可能被允许存在，我们称之为"关键控制点"。

如果对于这两个问题，这个管理活动的答案都是"不能"，或者这个控制点的作用已经被其他控制点所覆盖，那这个管理活动很可能就是无效的管理。

初步完成流程构建后，为了抑制组织不断膨胀的管控欲，华为对于流程管控又提出了明确的要求：不要把追求完美的管理变成企业的"癌症"，后续在流程中每增加一个控制点，必须端到端地减少两个以上的控制点，这样的变革方案才能被接受。

业务中的最佳路径是一种理想状态，但遗憾的是，在构建流程的过程中，最佳路径并不容易找到，这主要有以下两个原因。

一是企业的认知存在局限性。无论花费多少时间，无论怎样激发大家的集体智慧，企业建立的流程与实际业务间仍然存在一些偏差，会存在一些与业务场景不匹配的情况。对于少数优秀员工来说，他们会感到自己被流程束缚了，认为明明是一步就能完成的事情，流程偏要分成三步完成。但是对于企业中的大多数人来讲，流程定义的最佳路径超出了他们的能力范畴，也就是说，流程可能基于牺牲少数人的工作效率、提升总体的工作效率而构建。

二是我们处在一个动态的市场环境中，客户在变化，竞争对手在变化，企业自身也在变化。即使我们幸运地找到了业务的最佳路径，构建好了流程，但是随着内外部环境的变化，流程也会渐渐不能适配实际业务。

流程与传统职能型管理方式的最大区别在于两点。第一，流程是以结果为导向的管理方式，过去每个人都对自己的事情负责，但是没有人为结果负责，出了问题、业务结果不好，大家都认为自己没有责任，而流程要改变企业的这种状态。第二，流程是一个动态管理体系，包含流程构建、流程运营、流程优化等循环迭代的过程，因此它更能适应内外部环境的变化。

3. 企业对流程的认识更进一步，流程不仅是业务最佳路径的汇总，还包含实现业务最佳路径所应该具备的能力

具体内容将在后面涉及 LTC 流程的部分展开讲。

营销流程篇

———————

✤

用确定的规则应对不断变化的市场环境

用过程的确定性保障结果的可控性

第 1 章

从线索到回款流程概述

"LTC 是承载公司最大的人、财、物的业务流,这个业务流是否能高质量高效运转,决定公司的生死存亡。"

——任正非在变革战略预备队及进展汇报座谈上的讲话

以客户为中心的 CRM 变革

2008 年，华为启动了以客户为中心的传统客户关系管理（Customer Relationship Management，CRM）变革，意在建立系统化的营销流程管理体系。这个变革包含 4 个变革项目群、13 个子项目，它给华为带来的最大变化是改变了华为以往以订单为核心的管理模式，使其进化为以客户为中心的管理模式。

此前的华为以及如今众多企业的营销管理是围绕订单展开的。这种被称为"打猎"的管理模式缺点很明显——更短视、更功利。企业间的竞争围绕订单展开，最直接的结果是形成恶性竞争，导致企业获取订单的成本越来越高，利润越来越薄。

这种管理模式还有一个缺点：企业缺乏对客户的持续洞察与理解。有订单的时候，每个企业都很积极地围在客户身边，但若是没有订单，难道一个优秀的客户就没有价值吗？在没有订单的时候，企业应该以何种方式与有价值的客户继续接触呢？

每个订单背后都有一个客户，与其追着订单跑，不如认真思考一下，谁才是企业的客户。相较而言，企业更应该主动选择客户，陪伴客户成长，帮助客户成功。在这个过程中，随着企业对客户的理解越来越深入，客户对企业的信任与依赖程度也越来越强，他们有需求的时候自然会在第一时间想到企业。

这种以客户为中心的营销变革把营销管理的焦点由订单向前推进为客户，把客户作为企业发展的土壤，让企业的管理模式由"打猎"进化为"种田"。

客户是土壤，订单是庄稼

想以客户为中心，最核心的工作是选择正确的客户。

没有哪一家企业可以服务行业中的所有客户，在企业资源有限的情况下，企业应该进行客户选择，客户必须与企业发展的战略方向和愿景相匹配。对于以自我为中心或以机会为中心的企业而言，客户往往是飘忽不定的，当这类企业被一个新的机会牵引时，原有的客户就被企业舍弃了，这就让企业前期在客户身上的投资化为乌有。

而 CRM 变革使企业对客户的选择转变成基于自身未来发展的愿景进行的选择，即在选择客户时，企业既要关注现在，又要着眼未来，以现在为起点，逐步构建面向未来的能力。这样，只有确定了未来的战略、愿景与使命，企业才能选择对的道路，然后基于客户的需求，思考自己应该给客户提供何种产品、服务和价值。

一般企业认为，买了产品或服务的就是客户。在我看来，这种认知的准确性有待商榷。很多企业都想提升人均产出，最有效的方法就是让员工发掘客户最大的价值。很多企业的营销之所以出现问题，根本原因在于其管理出现问题。比如，企业的产品和客户需要的产品的重合度很低，单一客户的产出很少，人均产出提升不了，得到一个大单和一个小单的耗时差别不大。

不反思客户与企业的重合度，只认为业绩不好是员工不加班、不奋斗导致的，这种管理是有失水准的。相反，优化对客户的选择，持续在优质客户身上进行资源投放，在最优秀的客户身上投放最优质的资源，基本上就可以发挥资源最大的价值，人均产出也会相应提升。

企业应做到业务管理流程化

企业对客户进行选择后，又会产生新的问题，即不同客户对价格的承受能力不同，对服务品质的要求也不一样。这时，企业需要思考如何满足不同客户的不同服务要求，如何保证服务能力的稳定性，从而避免出现不同工作人员让客户产生不同服务感受的情况。

华为对此的解决方案是，通过构建流程，对业务的实现过程进行标准化管理，从而摆脱对"明星个体"和"小团队"的依赖。"标准化"这3个字特别重要，是管理能力和管理体系能够被复制的基础。标准化同样是企业摆脱对能人的依赖、应对无限市场的良策。在餐饮业，标准化体现得尤为明显，其中的头部企业不但在产品上实现了标准化，而且在各个管理细节上也实现了标准化，大到选择店址，小到清洁地板，都有明确的标准化的要求。

华为的流程有效保证了华为团队作战的竞争力。对于很多竞争对手而言，打败这样的团队变成了遥不可及的任务。为什么？因为华为通过流程，实现了对资源与业务活动的精准控制，华为认同管理能产生价值这一点，因此充分利用了管理的价值，并持续进行了管理改进。

LTC 流程概貌及内外协同

LTC 流程是 CRM 变革项目群中最重要的子项目，构建该流程的目的在于实现公司战略目标，即对区域市场进行网格化管理，深入、透彻地占领以区域划分的市场，建立市场的"粮仓"。整个 LTC 流程包含 4 个层面（营销战略流程、执行流程、管理流程、使能流程），由 9 个二级流程组成（见图 1-1）。

营销战略流程	管理营销战略		
执行流程	管理线索	管理机会点	管理合同执行
管理流程	管理项目	管理项目群	管理授权与行权
使能流程	管理客户解决方案		管理合同生命周期

图 1-1　华为 LTC 流程中的 9 个二级流程

华为 LTC 流程的建立与完善，充分体现了其以客户为中心、以生存为底线的经营哲学。为什么这么说？我从对外、对内两个方面进行解释。

对外实现以客户为中心

对外，LTC流程充分体现了企业对客户的理解与发掘并满足客户需求的过程，流程的最顶端是营销战略流程，它是与企业战略衔接的重要部分。如果战略是企业的大脑，那营销就是企业的脚，带着企业走到战略要求企业去的地方。战略既牵引业务，也约束业务。比如华为强调以客户为中心，但是企业要在战略中明确谁才是客户，以及企业应该向谁提供服务。

华为内部有一个形象的比喻：能让我们赚到钱的才是我们的客户，能让我们赚到大钱的就是我们的优质客户。这一比喻也体现了华为有关客户的原则。在这个原则的指引下，营销部门就不会什么订单都接，什么客户都服务，而是把资源与精力聚焦在优质客户身上。

对于目标客户，企业需要满足其一切要求吗？比如客户要吃饭，企业要不要满足这一要求呢？肯定不要。企业在战略中也要定义对于目标客户的业务边界。这个边界对目标客户需求进行了约束，确保营销与研发这两个部门的需求发掘及需求实现在战略界定的业务边界内开展，而企业需要通过营销战略流程实现这一点。

执行流程中的管理线索、管理机会点、管理合同执行等二级流程，则匹配了客户需求的整个生命周期，包含客户的隐性需求、显性需求，以及企业对需求的满足。这几个二级流程体现了企业对客户需求的端到端的理解，所有需求都要经历从无到有、再从有到无的过程，它们就像人类生老病死的过程，是一个生命周期。

管理流程中的管理项目、管理项目群、管理授权与行权这几个二级流程也是能力流程，丰富的工具与方法以及业务控制，保障企业在服务客户的整个过程中都能提供高质量服务。

对内实现获取分享制

对内，LTC 流程体现了获取分享制及分灶吃饭的经营理念。随着规模的不断扩大，企业会变得臃肿、行动迟缓。那如何才能让企业保持生机，像大象跳舞一样，庞大又不失灵活呢？我们可以把企业想象成一个大家族，为了保障家族的活力与繁荣昌盛，为了壮大，家族会分家。企业规模扩大了也需要"分家"，但是企业的"分家"需要一套科学的方法。

这里分享一个很重要的概念——经营单元。在市场管理中，我们定义了四个经营单元：以区域划分的经营单元、以客户划分的经营单元、以产品划分的经营单元、以项目划分的经营单元。企业实行获取分享制就是为了实现"挣钱多的区域比挣钱少的区域分钱多、挣钱多的客户比挣钱少的客户分钱多、挣钱多的产品比挣钱少的产品分钱多、挣钱多的项目比挣钱少的项目分钱多"。

这四个经营单元中，最重要的是以区域划分的经营单元和以项目划分的经营单元，因为这两个经营单元本身也包含客户和产品这两个维度。LTC 流程就是为区域市场管理开发的一套具有系统性的标准化管理体系。

华为对于市场的管理与很多企业不一样，很多企业采用事业部的管理方式，侧重对行业市场的垂直管理，比如一个企业涉足教育、医疗等多个行业，往往采用事业部的管理方式，由总部直管前端，"一竿子插到底"。

但是这种管理方式有两个明显的弊端，一是总部对一线市场变化的感知速度比较慢，往往不能在市场发生变化的第一时间做出正确的反应；二是在某个具体的区域，行业的投资存在波动，当年政府行业投资多，次年可能就变少了；当年教育行业机会少，次年机会反而多了。对于这种变化，很多企业无法做出行业联动，各事业部之间有着明显的业务边界，一个事业部的员工不会因为明年本行业的投资少了，就转身去做另一个行业的项目。考虑到这种弊端，华为选择以市场驱动后端，按区域划分市场，区域为主、行业为辅。虽然区域中的行业投资存在波动，但是我们应该立足于区域，通过长期的经营，让区域的总体市场空间不断扩大，让企业的市场有持续发展的能力。

华为的区域市场分成三层，最顶层的是片联，所有的区域市场都归片联管；但是片联的管理范围太大了，因此再下沉细分，分成了 17 个地区部，比如中东地区部、北非地区部、中亚地区部等，每个地区部管理华为在 10 多个国家（地区）的市场；但是地区部还是太大了，还要再细分，于是又分成了 170 个代表处。[○]代表处是华为最小的区域经营单元，但是代表处有营收规模要求，营收规模稳定在 2 亿美元以上的区域，才有资格申请成立代表处。

LTC 流程就是片联、地区部、代表处等以区域划分的经营单元统一使用的营销业务管理系统，而华为实行营销变革的终极目的是实现区域包干制和

○ 统计时间截至 2021 年。

项目包干制，它最大的亮点在于重新定义了生产关系，从而解放了生产力。

LTC 流程对区域营销业务的范围、内容进行了清晰的定义，解决了不同层级之间（比如片联、地区部、代表处）、同层级的不同区域之间（比如不同的地区部、不同的代表处）业务管理一致性的问题。

LTC 流程以 IT 系统作为支撑，业务以数据的形式在 IT 系统中流动。通过标准化的 LTC 流程，企业可以实时掌握业务的最新状态，也可以定义不同的管理规则，比如项目的分级制度，以此来实现业务的分层管理，抓大放小。片联会关注公司目标的完成情况，以及公司级项目的进展情况、项目质量；地区部会跟踪本地区部的目标完成情况，以及本地区部的公司级、地区部级项目的进展情况、项目质量；而代表处会跟踪本代表处的目标完成情况，以及本代表处所有项目的进展情况、项目质量等。

营销战略流程

企业中各个体系的业务活动往往交织在一起，你中有我，我中有你，深度耦合，密不可分。企业引入流程，是为了进行业务的梳理及再定义，明确各个业务的边界以及不同业务之间的关系。

　　如果业务流程中出现了战略流程的字样，那意味着什么？意味着这个流程的业务活动是被企业的战略流程所集成、调用的，它会被企业的战略流程驱动而运转。不仅营销流程如此，客户关系管理流程的顶端流程（详见拙作《客户第一：华为客户关系管理法》一书的第2章"客户洞察与客户选择"）也是战略流程，它在企业的战略流程运转过程中也被战略流程所调用。

　　大部分企业都想成为百年老店，比如阿里巴巴有一个愿景：要活102年，而且要活得好。企业凭什么能活过百年呢？这需要企业制定一个非常具有前瞻性的战略才能做到，即企业在制定战略时不能只看眼前的财务表现，还要关注业务发展的可持续性、市场的变化、市场格局以及市场的长期经营。

　　而这一切，需要客户界面的组织，也就是区域组织来承接。但很多企业的区域组织短视且功利，在财务数字的压力下只关注眼前的订单，对于中长期的市场经营管理、客户关系维系，既无意愿也无能力承接，这导致企业没有稳定的市场基础，业绩起伏不定，没有应对外部变化的能力。

从企业的资源配置上看，战略决策机构设置在总部，而实际的业务服务则发生在区域。区域中集中的更多的是业务型人才，比较缺乏能进行市场洞察、市场规划等的行业专家、管理型人才，区域也没有能力独立完成高质量的市场管理、业务规划工作，因此企业需要通过营销战略流程帮助区域建立这种能力，培养这类人才。

五看三定模型：制定营销战略的核心方法

LTC 流程中的管理营销战略可以支撑企业战略的实现，是销售体系业务战略的一个组成部分，叫作从机会点到订货，是通过科学的业务设计实现企业战略机会点的一种方法。

制定营销战略的核心方法是五看三定模型（五看指的是看宏观、看行业、看客户、看竞争与看自身；三定指的是定目标、定策略、定战略控制点）。这套方法论源自美世公司的价值驱动业务设计（Value Driven Business Design，VDBD）模型，后来 IBM 买断了这套方法论，将其扩展为业务领导力模型（Business Leadship Model，BLM），华为在 2006 年引入了这套方法论。

不可否认，五看三定模型比较全面，因此它被很多企业推崇和学习。但在实际应用上，它呈现出难度高、效果不理想的情况。我从事咨询行业多年，接触、服务过很多企业，真正能把五看三定模型用好的企业，迄今为止，我还没遇到。甚至，IBM 使用的战略方法也不是五看三定模型，而是敏捷模型（基于假设、验证、修正来快速试错，快速迭代的方法）。

即使在华为，把五看三定模型用得比较成功的，也仅限于运营商业务，就连企业网[⊖]都用不起来。原因在于这套模型的使用条件比较苛刻，这主要体现在三个方面。

一是对信息收集能力要求高，要求企业能够全方位、持续地获取市场中的信息。市场不断变化，企业必须有能力实时感知市场的变化，这对于一线团队是一个不小的挑战。

二是对信息分析能力要求高。企业从市场中获取的信息往往是碎片化的、零散的，不能直接应用，必须经过行业专家与业务专家的分析加工，才有可能派上用场。

三是对一线团队的业务能力要求高，销售人员要能"打硬仗"。企业看到了机会点，一线团队要能够将其拿下，只有这样，这个机会点才有用。

因此这套方法比较适合特殊的行业与业务，比如华为的运营商业务，这与运营商业务在四个方面的特殊性有很大关系。

第一，发展趋势比较明确，虽然通信行业在发展过程中也出现过较大的战略方向选择，比如 3G 制式之争（是选择欧盟标准、美国标准还是中国标准），但是在大多数情况下，通信行业的发展趋势是比较明确的。

第二，通信行业的客户高度集中，并且都是大的运营商，导致服务于运营商的通信设备供应商之间竞争极其激烈，每个厂家在客户身上都配备了大量的资源。比如华为运营商领域每年的营收规模在 3000 亿元左右，但是它的核心客户只有不到 300 个。华为的运营商 BG（业务组）有几万名员工，也就

⊖ 除运营商业务以外的所有行业市场，在华为被称为"企业网"。——编者注

是说，针对每个核心客户，华为都能配置百余人为其提供服务。这样密集的资源配置，保障了华为对客户有比较强大的信息收集能力。而对于客户数量多、体量小的行业来说，单名销售要对接很多客户，较难高质量地收集市场信息。

第三，从信息分析处理能力上看，发展运营商业务的企业比较少，长期以来仅华为、爱立信属于第一阵营，因此这个行业的利润水平比较高。运营商业务每年在研发领域的投入非常大手笔，据 2021 年年度报告，2021 年投入 1427 亿元，十年累计投入研发费用超过 8450 亿元。并且培养出了很多行业专家与业务专家。

华为的营销组织的信息分析处理能力也很强，能够帮助公司制定高质量的战略，帮助研发部门进行对准市场的成功的产品开发（包括需求管理、产品规划、技术规划、产品立项等），为销售赋能。

第四，华为的销售团队很有实力，特别是针对大客户、大项目的运作能力尤其出色，凡是发现的机会点，有很大的概率能够抓住。

以上四点，是华为的战略方法在运营商业务中应用得较成功而别的企业做不到的原因，企业在学习时需要有甄别能力，结合自身的业务特点，这样才有可能产生效果。如果不加分析地全盘照抄，很容易造成"甲之蜜糖，乙之砒霜"的后果。

客户群年度工作规划：区域营销战略的基础

管理营销战略是自上而下对企业战略的理解与解读。沿着客户界面，由代表处、地区部、片联三个层级不同、颗粒度不同的区域经营单元倒推、经互相角力后完成的高质量的区域年度工作规划（Business Plan，BP）是其基础。

一个好的营销战略，要把企业的想法与一线的实际情况相结合，这样的营销战略才是可落地、可实现的。华为之所以能在 LTC 流程中把按区域划分的年度工作规划做得比较扎实，得益于其在最小区域经营单元即代表处，细分了更小的、以客户划分的业务单元——系统部。

面对较大的客户，比如移动、联通，华为会为每个客户建立一个独立的组织，像移动系统部、联通系统部提供服务。但如果客户较小，华为就会把多个客户划入一个组织，进行统一服务，这样的组织叫作综合系统部。

华为市场体系的年度工作规划已经细化到每个具体的客户面，机会由客户产生，因此目标也要找到具体的客户来完成承接（见图 2-1）。

56

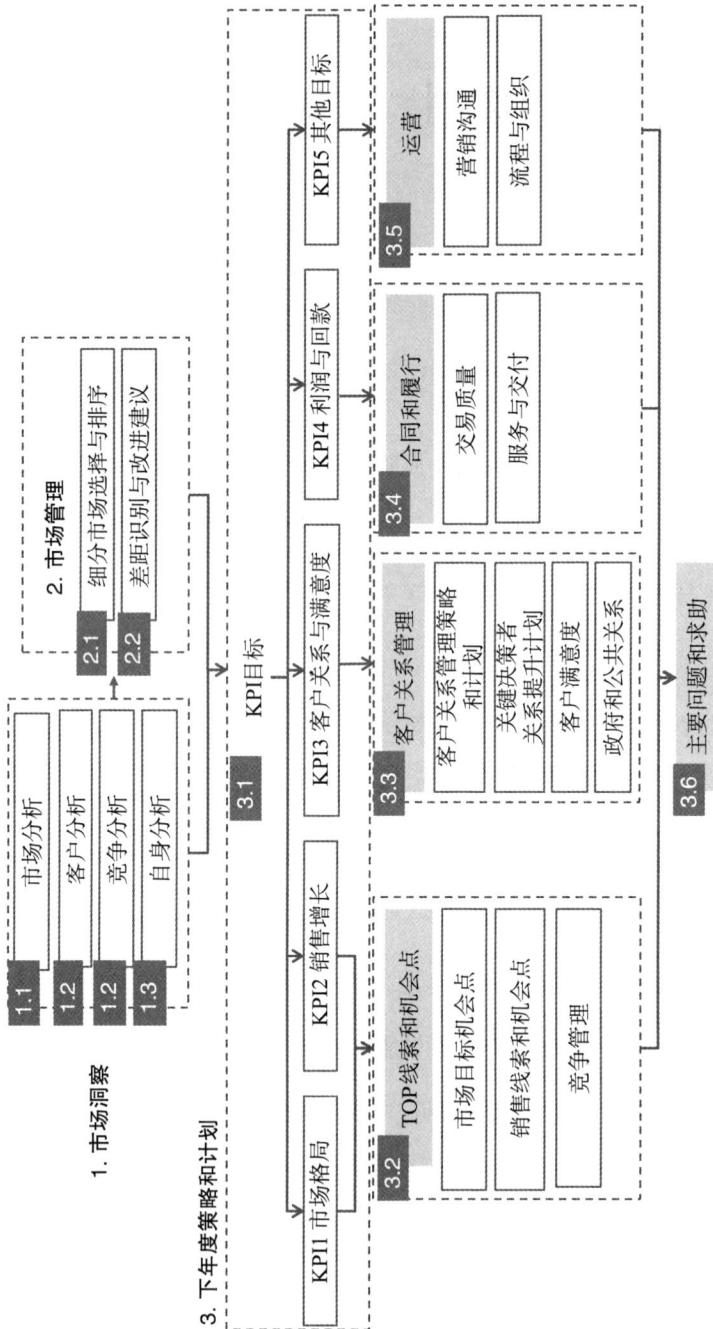

图 2-1 客户群年度工作规划模板示例

客户群年度工作规划的三个要点

整个客户群的年度工作规划包括以下三个要点。

1. 市场洞察

企业的目标只有在市场机会的支撑下才能实现，因此制定目标的依据是市场机会，而不是"拍脑袋"。华为非常重视来自一线的市场洞察，每年9月到12月都要求一线启动市场洞察工作，进行3~4轮有组织的客户拜访、市场扫描工作，力图看到来年客户中大颗粒度的市场机会，为设定来年的目标提供决策支撑。但是从实际的结果来看，到了来年年底，年初看到的大颗粒度的市场机会，或是因为当初的信息有问题，或是因为客户的想法发生了变化，有一半会消失不见。

制定目标的依据是市场机会，可是机会消失了，又该如何完成目标呢？这就要求在一线的日常业务管理中，把市场洞察变为持续的行为，而非一次性的行为。当市场发生变化，机会消失，市场目标就会因出现一个缺口而无法完成，这时就需要一线通过市场洞察发现新的机会，弥补这个缺口。

2. 市场管理

市场目标的完成出现缺口，需要一线通过市场洞察发掘新的机会点，但并不是所有的机会点都要接收。以前，在某市场，一些小的运营商除了有采购主设备的需求，还有一些采购光纤、配线架等配套产品的需求，但是这些运营商没有足够的能力从事国际贸易。他们想从某电商平台买，但平台上厂家的报价过低，导致他们不敢买，怕被骗。而国内的厂家也不敢接这种订单，担心发货后收不到货款，因此双方就僵持住了。

在这种情况下，这些小的运营商找到了华为，希望华为能出面帮他们完成配套产品的采购。为此，华为该地区部的用户服务部门就派出两个人，帮客户解决这类问题。有了华为的背书，国内的厂家就敢接单了。在半年的时间里，这样一笔业务为当地用户服务部门创收 2 亿元。地区部认为这是一个机会点，向公司申请，把为客户采购配套产品作为他们的一个机会点。但是这个申请被公司否决了，公司只批准将配套产品中与业务关联性强的备用电源纳入销售范围。

企业需要通过市场管理模块制定业务规则，完成对市场机会的筛选。业务规则帮助企业厘清机会是否来自目标客户群、是否与产品相关、竞争对手是谁、靠目前拥有的资源能否获取这一机会等问题。基于业务规则，企业完成对细分市场的选择以及对不同细分市场中的机会的排序（按照市场空间、增长速度、利润水平、竞争强度等要素），再结合本区域经营单元的资源与能力进行机会选择，以确认实现目标的路径。

3. KPI 目标

目标管理是市场管理中比较容易出现争议的一项，也是一大挑战。大部分企业的目标管理方式都很简单粗暴，就是"拍脑袋"得出的。对于销售人员而言，目标是否合理很难被清晰地界定：能完成目标的销售人员会认为它是合理的，而不能完成目标的销售人员则会认为它是不合理的。

目标管理的核心是数字

所有目标管理的核心都是数字，这背后有两个关键的问题：一是数字目标如何确定，二是数字目标如何完成。

1. 数字目标如何确定

企业的发展如逆水行舟，不进则退。如果一个企业不能持续有效增长（持续有效增长指的是企业规模呈复合式增长，以及人均产出持续提升），企业就很容易停滞或者衰退。企业一旦进入下降通道，要想二次腾飞，需要消耗的资源将是原来的数倍。正因如此，对企业而言，在保持一定利润水平的基础上追求规模最大化应该成为战略方向。

想牵引市场增长，可综合使用市场机会驱动与企业战略增长要求这两种方式，最大限度地激发组织的增长潜力。市场机会驱动指的是一线进行持续、深入的市场洞察，把洞察到的短期机会点、中期机会点、长期机会点在计划中上报，作为企业制定发展目标的重要依据。

有人会担心，由一线自己上报机会点，如果一线瞒报、漏报、少报了机会点怎么办？这个问题是可以避免的，具体通过以下方式。

首先，计划要求一线上报的不仅有数字，还有达成这个数字的具体机会点。

其次，洞察并不仅由一个部门完成，而是由销售线、技术线、服务线，以及一线与总部市场营销部门通过不同角度、不同方式完成，这样做可以确保大家看到的机会点不一样。这种工作方式既能交叉验证各方上报的信息，又能产生管理压力，一线的某个人或某个部门想瞒报、漏报、少报机会点很困难。

最后，计划还辅以企业战略增长要求（如企业近三年的增长速度的均值）来制订，将其作为增长的底线要求。

当年我在地区部进行团队的目标分解时有一个常用的方法：在去年的目标与去年的实际完成情况中取最大值，再上浮25%，作为今年的目标的底线要求。举例而言，今年团队的目标是完成1000万美元的任务，团队实际只完成了800万美元，那团队明年的目标是至少完成1250万美元的任务。如果今年的目标是完成1000万美元的任务，但是获得了一个大的机会，完成了2000万美元，那就"恭喜"这个团队，明年的目标应是完成2500万美元的任务。正因如此，每次接到目标任务的时候，一线都觉得不堪重负，纷纷和管理者交心，开场白都差不多："领导，你是了解我的，去年我们区域那么困难，我费了多大的力气才让客户把今年的预算挪到去年，结果今年还要加任务，我怎么完成？"

但是他的管理者也没办法，因为他也是这么被要求的。这时，他只能和一线讲："在你面前有两个选择，一是现在交辞职报告，二是年底交辞职报告。我们人可以换，但是目标不能换。"

在这种情境下，和管理者讨论数字目标是没有意义的，因为数字目标几乎无法改变，但是完成数字目标所需要的资源还有讨论的空间。既然数字目标没有讨论的余地，这就倒逼一线洞察市场，持续经营市场，只有这样，企业才能在竞争激烈的市场体系中存活下来。

2. 数字目标如何完成

对于区域经营管理者，企业不仅要求他们完成企业下发的数字目标（比如订货数、发货数、收入额、回款额、现金流、资金占用额等），还要求他们长期经营市场，让市场有持续发展的潜力，并且把工作分解到具体的客户身上，换句话说，要提前规划清楚针对每个客户的工作应如何开展。

这一工作分对外与对内两个层面。

对外，即面向市场、面向客户的管理， 需要重点管理好两个方面。

第一，管理好销售管道，也有些企业称之为销售漏斗，即一个具体客户身上的所有商机。这些商机不仅包括那些具有资金价值的，还包括企业在战略层面的市场布局要求，比如新产品、新区域的突破，或者是针对竞争对手的一些项目的专项管理。商机的管理要体现公司的意志，而不是一线的团队或个人的理解。与竞争对手竞争项目时，个人不可以因为项目难做或不赚钱而放弃。项目的取舍要依据流程，由企业授权的市场管理团队决策。

第二，管理好客户关系与客户满意度。我在《客户第一：华为客户关系管理法》一书中强调过，客户关系是使能流程，最终以商机的获取体现客户关系价值。企业基于每个客户进行客户关系规划，是为了提升销售管道中的商机数量、商机质量以及获取商机的概率。营销流程会驱动客户关系管理流程运转（包括驱动客户洞察、客户策略、客户关系规划等）。

对内，即持续提升企业的管理能力，展现管理效益， 这也包括两个方面。

第一，不断推动流程的落地，提升企业的职业化能力，让企业在每年做同样的事的时候，成本更低，效率更高，质量更稳定。

第二，关注企业的人力资源管理，基于业务发展需求，培养数量足够多、能力足够强的人才，这包括干部队伍的建设（干部后备队与继任者计划）与骨干员工的选育用留等。

营销战略流程的价值，在于通过层层分解，把企业战略中的战略意图与要求和一个个具体客户进行承接，并且对战略目标如何落地进行合理设计，再由客户界面的年度工作规划倒推不同区域层面的年度工作规划（如代表处、地区部、片联等），这样通过上下叠加得到的战略才更健康。

虽然落地战略的过程中存在很多不确定性，企业获取的很多信息也并不准确，但是管理的关键是针对竞争对手构建比较优势，比如在工作的准备程度方面，即人、财、物的提前储备，企业做了而竞争对手没做，企业就比竞争对手更有优势。一点一滴的优势汇聚到一起，就会成为企业获取胜利的关键。

如果企业把基于每个客户形成的年度工作规划理解成一块块"砖石"，把企业战略理解成一栋"房子"，只有每块"砖石"都很坚固，"房子"才会很牢固，企业战略也才是可以控制并且实现的。相反，如果材料不是坚固的砖石，而是一堆豆腐，再好的建筑师对此也无能为力，用这样的材料建成的"房子"就像建立在浮沙之上，经不起任何风浪。

区域年度工作规划在实际工作中如何开展

流程是一种复杂的组织行为，包含时间周期、相关参与组织、流程活动与业务质量控制点等诸多方面。以 LTC 流程中管理营销战略的制定过程为例，从时间维度来看，整个过程中最核心的是项目管理。

华为的中长期战略规划（Strategy Plan，SP）与年度工作规划（BP）交替开展、循环。每年 4~9 月，公司拟定面向未来 3~5 年的中长期规划。到了 9 月，SP 已经完成，面向次年的 BP 就会被驱动。如图 2-2 所示，公司的 SP 经公司战略决策委员会（Strategy Decision Committee，SDC）批准，会为年度 BP 的开展提供输入，这个输入既是对战略开展的牵引，也是对工作规划边界的约束，包括年度经营目标、市场洞察、战略举措、订货口径、产业分类及产品目录等。

公司会成立机会点到订货工作组来启动工作。工作组会输出年度重要机会及战略要求，并且由工作组中的产品业务单元（Business Unit，BU）机会点到订货工作组，制定年度重要机会及战略要求沟通材料，由公司的机会点到订货工作组组织战略相关部门进行材料的评审。

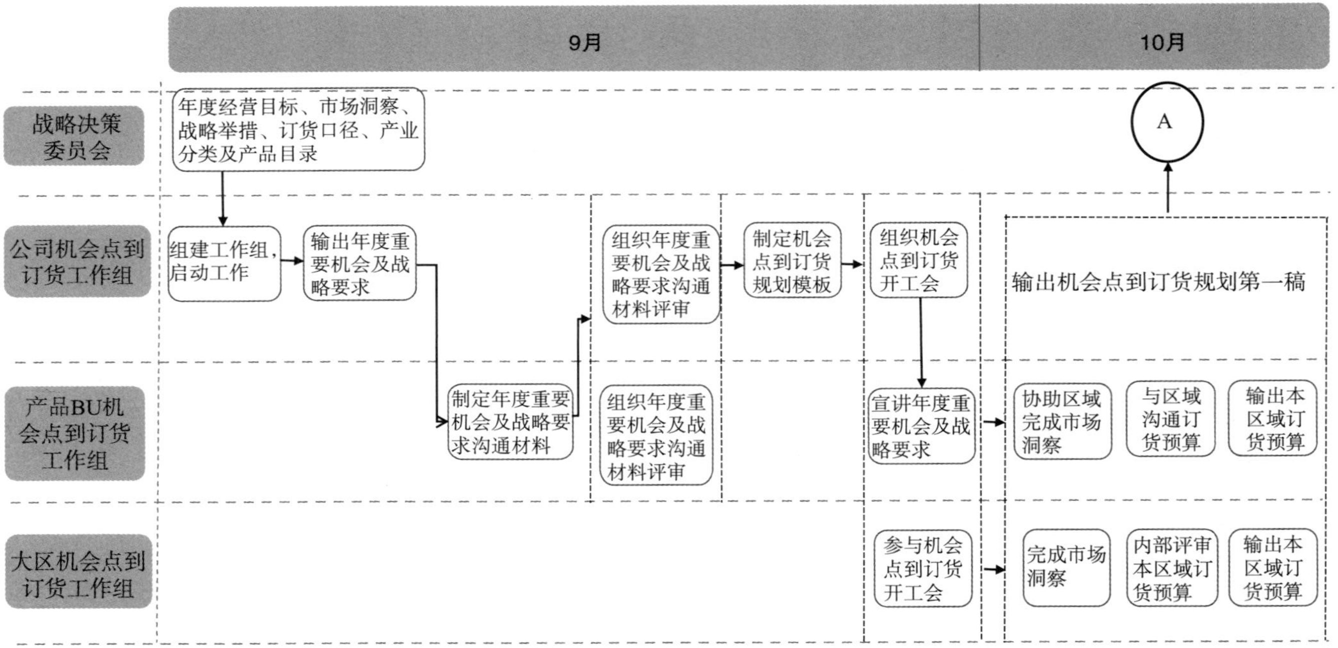

图 2-2　9 月至 10 月区域年度工作规划流程（一）

评审通过后，各工作组在战略方向、范围、内容上就基本达成共识，这个战略可以成为指导公司开展年度工作规划的依据，并据此制定机会点到订货规划模板。

到了9月底，公司机会点到订货工作组会召集区域年度工作规划的责任主体（各个地区部与代表处）举行开工会，由产品BU机会点到订货工作组宣讲年度重要机会及战略要求，并要求各个区域业务单元按照公司的战略与产品边界，组织市场洞察并完成各个区域的年度工作规划。

规划模板只是载体，战略规划与年度工作规划的关键在于内容，高质量的内容来自各个区域对各自市场的深入理解及长期经营，所以各个区域的年度工作规划也是各个区域管理团队的一块试金石，如果市场管理很粗放，对市场理解不够深入，这些问题会在年度工作规划中体现，这些团队的年度工作规划的形式大于内容，经不起推敲与拷问。

10月，各个区域要输出机会点到订货规划的第一稿，在10~12月组织2~3轮大范围、多层次的客户拜访，完成市场洞察，输出机会点清单，以此作为制订各个区域次年的目标、策略、计划、预算的依据。

而各个层级的区域组织（比如不同代表处、不同地区部），则要组织本区域的年度工作规划评审，公司产品业务单元的机会点到订货工作组为各个区域组织提供支撑。评审可能会开展多轮，由地区部评审其下属各个代表处，再由公司统一组织各个地区部，层层评审，层层把关，最后向公司战略决策委员会汇报。

接下来，是当年10月至次年1月的区域年度工作规划流程（见图2-3）。

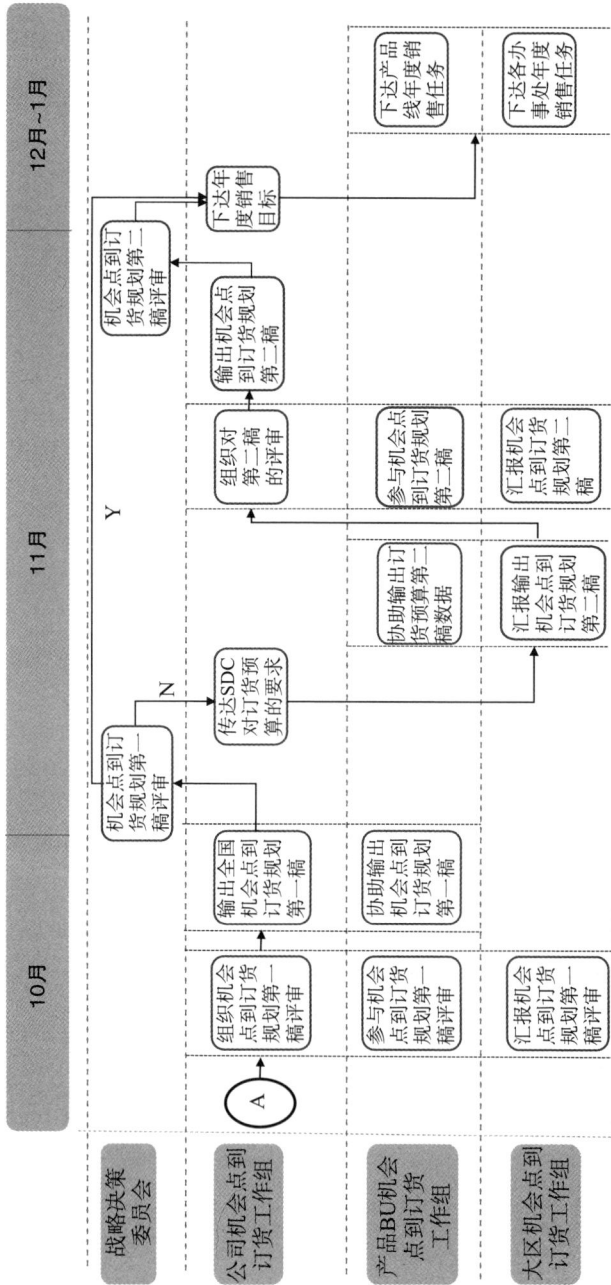

图 2-3 10月至次年1月区域年度工作规划流程（二）

11 月是反馈期。年度工作规划的汇报通常很难一次通过，因为区域反馈的增长速度、市场格局以及将要花费的资源等，很可能与公司的战略要求不一致。

但是这种反馈也有许多价值。在汇报年度工作规划的过程中，区域反馈的信息可以对公司的战略进行纠偏，即使有些战略上的想法无法实现，也可以贡献一些新的机会，如为公司的战略找到新的方向，发现新的细分市场，等等。

公司战略规划委员会基于市场洞察提到的信息对规划进行修正调整后，会要求进入年度工作规划的刷新，重新走一遍 9~10 月的流程。到了 12 月和次年 1 月，公司会基于规划的结果下达年度销售目标，最终目标被分解到每个代表处、每个部门、每个人身上。组织的大小会影响流程执行时长，比如华为通常需要到次年 3 月才能完成这些事情。

第 3 章

执行流程

按照流程端到端的概念，流程设计应该覆盖客户需求的整个生命周期。为匹配客户需求的生命周期，LTC 流程架构的执行流程主要定义了管理线索流程、管理机会点流程与管理合同执行流程，执行流程最大的管理价值在于建立业务的最佳路径。

管理线索流程

什么是线索

线索的早期模型来自营销领域的一个概念——隐性需求，指的是客户还没有意识到或个别客户意识到但还没有在多个客户中达成共识的、需要加以引导才能明确的需求。

华为在构建营销流程的时候，进一步延伸了隐性需求的概念，将线索定义为客户对特定产品或服务的潜在购买意愿，其最终可能为企业带来的商业机会。这个定义把隐性需求的范围拓宽了，把其从客户需求领域延伸至客户战略领域，而客户战略正是客户需求产生的源头。

客户作为一个组织，其组织行为同样受战略的牵引，并被战略所约束，所以客户战略层面的需求是最高阶的需求。相比传统的隐性需求的概念，线索这一概念覆盖范围更广，比如宏观环境、行业发展趋势会对客户产生影响，但在现阶段客户还没意识到这些变化，而我们看到了，这种变化带来的机会对我们而言也是线索。具有这种深度和广度的客户需求，已经远远超出员工作为个体能理解并驾驭的范围，但是通过流程，把企业作为一个整体，我们就更有能力把握这种变化。

线索处于商机的早期阶段，它与我们平时熟悉的项目，即后面会讲到的机会点是有差别的。区分二者的关键在于客户是否已经有明确的预算或明显的购买行为，这也是二者间的分界点。

为什么要这样分？因为在这个分界点的两边，商机呈现不同的特点。在客户有想法但是还没有相应预算准备的阶段，商机处于早期，还不太可靠，项目有可能启动，也有可能不启动，而且有很大的可能性是不启动的，客户不会将自己的每个想法都变成项目启动。

正是因为这个特点，这个阶段的商机是弱竞争的。对于这类商机，很多企业都会纠结：投入，万一没有立项就白忙了；不投入，万一立项了，就失去了一个机会。

而当客户准备好预算后，客户需求就由隐性需求变为显性需求，此时商机的特点就不一样了。首先，项目肯定会启动，因为客户已经准备了预算，但是谁能得到这个项目尚不确定，是典型的群雄逐鹿、高才者得之的项目，商机进入强竞争阶段，此时企业需要靠客户关系保驾护航，才能提升把握商机的能力。

为什么要建立管理线索流程

建立管理线索流程究竟能为企业带来什么价值？其核心作用在于把线索与机会点区分开，并进行差异化管理。

然而，在现实中，绝大部分企业并没有做到这一点，而是把二者放到一起，统一作为商机进行管理。管理方式也比较简单粗暴，大多体现为给一线员工或团队制定一个订货任务、数字目标，以数字目标的完成情况作为考核依据。

这种管理方式有什么弊端呢？弊端在于这个订货任务的数字不是基于市场机会制定的，而是根据经验"拍脑袋"得出的，决策缺乏科学的依据。比如一个员工去年完成了1000万元的订货任务，今年管理者可能就会把他的任务上调20%，要求完成1200万元的订货任务。这些订单究竟从哪里来，定任务的人不清楚，承接任务的员工有可能也不清楚。那员工怎么办？就只能勤快一点儿，多联系客户，看看哪里有订单可以获取。

当销售拜访某个客户的时候，如果发现客户有启动项目的想法，但是还没想清楚，这对销售来说可能是个机会。销售的作风是典型的"跟着机会走"，既然有可能有项目，销售就会跑动得勤一点儿，试图让项目启动。

但是如果在这个过程中，突然有另一个客户的项目发标书了，销售会怎么做？他会把这个正在推进但不知道能不能推成，以及不知道什么时候才能推成的项目先搁置，转身投入已经发标书的项目。

销售更喜欢做确定性强、看得见又摸得着的项目，哪怕最后和公司申请特价，得到这个发标书的项目，他今年的任务可能也就完成了一大部分。等到销售忙完这个发了标书的项目，再去跟进之前的那个项目，才发现项目的机会点已经不在了，客户不想做了。在这种情况下，企业就失去了一个非常优质的机会，这个商机本来已经快确立了，却因为企业的松懈而失去了。

华为是追求持续增长的企业，随着行业地位的提升，其面临的持续高增长的压力就越来越大，因为它的对手都是国际上的优秀企业。那华为的增长速度凭什么能比竞争对手更快？就是因为管理上的差异化。其他企业没有把早期商机与成熟商机进行区分管理，但华为通过流程把它们区分开，由不同的组织承接管理职责，这样就不会再因为个人原因让公司错失好的机会。通过线索流程的建立与完善，线索管理每年可以为公司额外创造 30% 的大项目机会。

这里要说明一点，进行线索管理的商机都是重要机会点，一旦立项，它们都是地区部级以上的项目（华为定义其为重大项目），小的机会点是不需要进行线索管理的。

如何建立线索流程

线索流程应该如何建立？最关键的一点是把业务场景抽象化，从而得到管理线索流程最佳路径的模型（见图 3-1）。这是流程能够向下展开的核心要点。

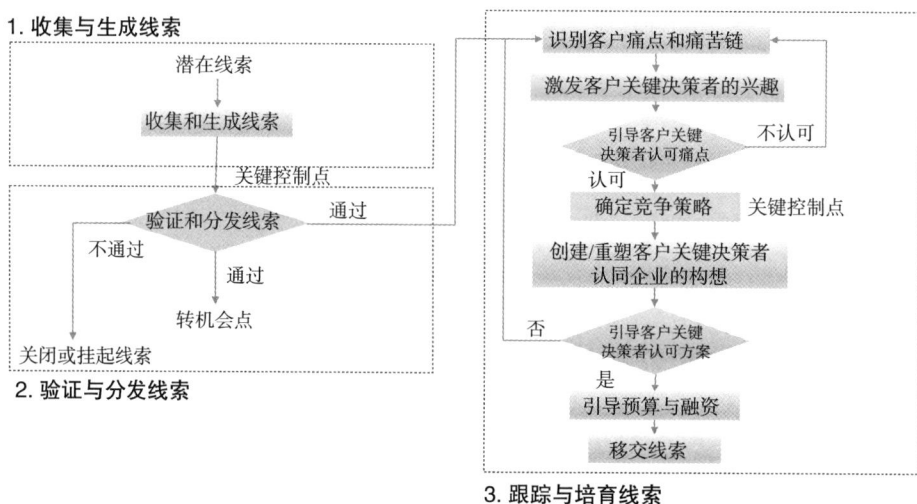

图 3-1　管理线索流程最佳路径模型

这一模型把对于早期商机的管理按照逻辑分成三段：收集与生成线索、验证与分发线索、跟踪与培育线索，这也是LTC流程中的管理线索流程向下进一步展开得到三个三级流程。

通俗来讲，针对早期商机（线索）的管理逻辑是找商机、选商机、管商机。这个管理逻辑重点关注的是在满足客户需求的过程中企业如何与市场、与客户进行业务交互，以及在此过程中业务的核心要点，但对企业内部具体的业务活动体现得较少。究其原因，是不同行业、不同企业在满足客户需求的时候，企业内部的业务活动会有很大差异，如果在流程模型中加入过多的具体场景，流程的普适性就会变差。

管理线索流程下的三级流程：收集与生成线索

主动收集和分析信息以生成初始线索（见图3-2）包括从多渠道主动收集初始信息、分析信息并生成初始线索、填写并提交线索档案三项关键活动。华为以全员营销落实收集与生成线索这一三级流程。

对于从多渠道主动收集初始线索信息，有一个更通俗的说法是"扩大喇叭口"，即管理销售管道的入口。我们希望实现的业务最佳状态是通过多角色、多渠道主动收集初始线索信息，意在解决绝大部分企业的商机发掘主要由销售来完成这一弊端。很多企业在客户界面存在多种工作岗位，除了销售，还有技术经理、服务经理、回款经理等，但是这些人的岗位职责中很少被明确"发现商机"这一职责，所以这一职责统统被推给销售。而华为一直强调全员营销，并将其非常清晰地体现在岗位职责要求上，目的在于在有限的工作时间中充分发挥所有员工的价值。

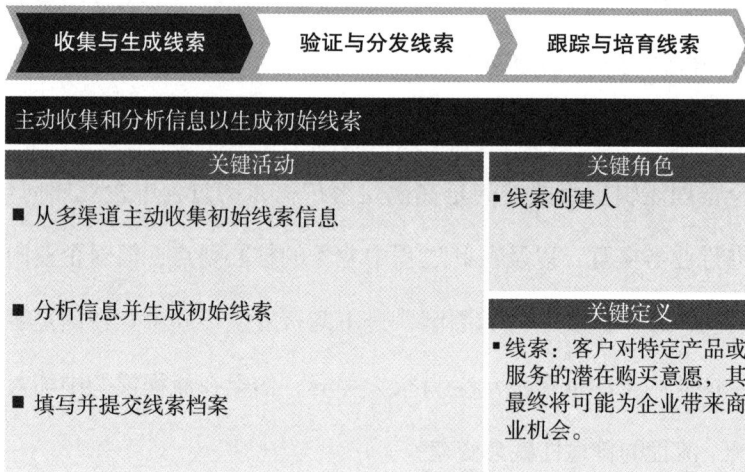

收集与生成线索	验证与分发线索	跟踪与培育线索

主动收集和分析信息以生成初始线索	
关键活动	关键角色
■ 从多渠道主动收集初始线索信息	■ 线索创建人
■ 分析信息并生成初始线索	关键定义
■ 填写并提交线索档案	■ 线索：客户对特定产品或服务的潜在购买意愿，其最终将可能为企业带来商业机会。

图 3-2　管理线索流程下的三级流程：收集与生成线索

1. 对于销售岗位，提出三重明确的要求

第一，管理员工的跑动，即要求客户界面的所有员工，每人每周拜访的客户数量不能少于 6 个；第二，在每年年底到次年年初，销售必须拿到重要客户次年的投资预算表，如果拿不到，在客户关系评价这一方面就会扣分；第三，在每年 9 月，各个地区部都会成立一个组织（即客户预算引导委员会），成员是各个客户群的主管，成员们要每周开会进行头脑风暴，共同思考一个问题，即"怎么才能让客户把钱花到我想让他花的方向"。也就是说，知道客户怎么花钱，还不算能力，能教客户怎么花钱，那才是有水平。

2. 对于技术岗位，要求其"看网讲网"

如何跳出企业产品与技术的局限，真正站在客户的角度思考问题？关键在于要换位思考，把自己当成客户，以此反思自己应该如何为客户创造更大的价值。

为了让每个技术人员都能做到这一点，结合行业、客户及企业的特点，华为总结出一套标准化的方法叫作"看网讲网"，要求技术人员通过分析客户现有产品或服务的技术、性能、架构、成本、演进这五个层面，全方位、多层次地梳理客户的需求。

比如，在与客户交流的过程中，客户表示次年要给他的客户开通视频会议业务，可是当我们分析客户的网络性能时发现其网络传输带宽严重不足，如果客户在现有网络基础上推出视频会议业务，客户体验一定不好。这就意味着如果客户真的要推出视频会议业务，那其一定会有网络扩容需求。

再比如，客户在做投资决策（Authorize to Initiate，ATI）的时候，并不清楚未来的技术演进会不会让现在的投资付诸东流，但如果我们的方案在技术演进的过程中可以最大限度地保护客户的现有投资，那这个方案无疑对客户具有吸引力。

虽然华为的具体做法反映了它所在行业的特殊性，很难照搬照抄，但是它的管理逻辑却是普适的。也就是说，未来的企业只有跳出自我，急客户之所急，想客户之所想，真正把成就客户作为本企业的追求，才能赢得客户的认可。如果不了解客户所处的行业、业务与场景，一个企业就不可能真正服务好客户。

3. 对于交付岗位，要求在存量经营、交付服务的过程中发掘线索

有设备安装、调试和后续维护等交付场景的企业给交付团队配备的人员很多。但是很多企业对交付团队的重视程度不够，交付团队在企业中组织地位很低，没什么话语权。

早期，为了节省交付成本，华为曾成立××华为，降低了人员的准入门槛，虽然××华为给这样招进来的人提供的薪酬待遇与华为相比有很大的差距，节约了成本，但这种做法的后果是人员流失率居高不下，很多人入职两三年、成为一个合格的交付经理后就跳槽到竞争对手的公司，薪酬待遇立刻大大提升。××华为曾一度被戏称为"竞争对手的培训基地"。

交付团队是很重要的，他们的服务能直接被客户感知，是让客户满意企业的服务的重要一环。交付团队也是企业抵御竞争对手的防火墙，企业可以利用客户的交付团队了解部分竞争对手的动态。交付团队还可以成为企业发现商机的重要途径，企业可以在项目交付的过程中进一步了解客户的延伸需求，也可以通过客户对竞争对手的产品与服务的抱怨，找到自身的项目切入点。

4. 对于总部组织，要求为公司发掘商机

除了一线客户界面的岗位，设置在总部的组织，比如承担营销责任的市场营销部门，也有能力且有义务为公司发掘商机。比如通过分析宏观环境、行业变化等，从更广的范围、更长的时间内为公司发现机会。

前面一直强调流程是业务的最佳状态，在梳理并建立流程的时候需要不

断对标并确认。比如在商机发掘阶段，如果企业希望比竞争对手更快、更多地发掘商机，那么就要与流程对标，确认目前本企业发掘商机的途径和方法是否在最佳状态，是否实现了真正意义上的全员营销，从而确认是否需要有效"扩大喇叭口"。所有线索的发现者都有责任判断线索的真伪，分析信息并生成初始线索，在公司的 IT 系统中填写并提交线索档案。

管理线索流程下的三级流程：验证与分发线索

验证与分发线索流程是验证线索并将线索转化为机会点或分配线索培育责任人（见图 3-3）。

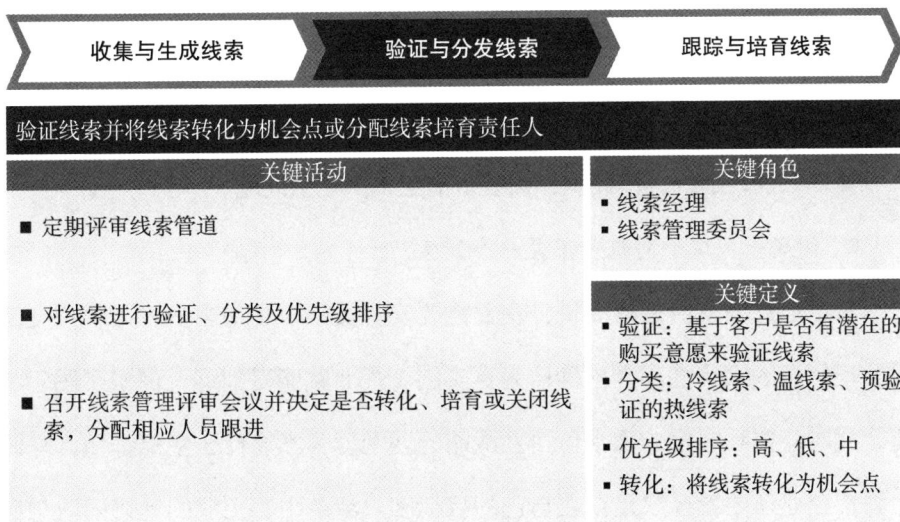

图 3-3　管理线索之下的三级流程：验证与分发线索

当企业用全员营销的方式扩大了喇叭口，就会有大量的商机涌入企业的线索管道，这时会产生一个新的管理问题：企业的资源不够用了。基于此，流程模型中出现了一个关键控制点——"验证与分发线索"，设置这个控制点的目的在于把企业有限的资源匹配到高价值的商机上，以提升企业的资源投资回报率。

下面对验证与分发线索的三个关键活动分别进行阐述。

1. 定期评审线索管道

线索的例行管理方式是每双周召开一次线索管理例会。因为大部分线索是半年后才会启动的项目，每周的情况变化一般不大，所以确认情况的频次不需要太高，企业需要平衡管理成本与管理收益。

2. 对线索进行验证、分类及优先级排序

对于员工提报到系统中的商机信息，企业要进行甄别处理，由线索经理完成线索验证、分类及优先级排序的管理动作。

简单来说，围绕具体商机，需要讲清楚以下三个问题。

■ **问题一：这个商机是不是一个线索？**

对于信息尚不清楚的商机，企业需要安排员工去拜访客户，与客户交流以验证需求的真实性。需求确认为真实的，企业就能得到这一商机了吗？不能，此时还要看客户的需求与企业战略的匹配度，不能什么生意都做。除此之外，企业还要看客户是否在自己的目标客户清单中、企业的销售团队想满足客户需求所要承受的风险是否可以接受（比如目前团队的人员数量与人员能力是否足以完成这个项目？如果不足以完成，还差多少才能完成）等，把这些问题都回答完，才能够确认这个商机对于企业来说算不算一个真正的

线索。

■ 问题二：这个商机离我们有多远？

这是对线索成熟度的分析，企业要判断一个线索是冷线索、温线索，还是预验证的热线索，即机会点。

判断的方式是逐步递进的，比如客户是否有迫切的做这个项目的业务需求？客户是否已经意识到需求的迫切性？客户对解决痛点是否有正式的承诺？这个解决痛点的采购流程清晰吗？客户是否已承诺投入所需的资金和资源？等等。

客户针对自身的项目需求也有其自身的流程，我们基于这些问题来判断客户的项目需求目前位于客户流程的哪个阶段，并由此判断出它是三个月以内能启动的项目，还是半年以内、一年以内能启动的项目，然后在流程中以预验证的热线索、温线索、冷线索来标识。

■ 问题三：我们能不能赢单？

企业可以通过做赢单分析帮助自己确定能不能赢单，其重点是以下三个方面。

首先，要分析企业与客户的关系和买方价值（对权力地图的理解、价值主张的差异、客户方教练的准备程度），重点分析客户关系的好坏程度以及企业的产品与方案为客户解决问题的能力。

其次，要看解决方案的成熟度，特别是如果现有产品与方案在现阶段不能完全满足客户的项目需求，企业的解决方案团队需要对此做重点评估（现有产品其实可满足；部分需求待开发，但是研发部门承诺在客户需要被满足需求的时间点前可开发完并提供；针对待满足需求，研发部门承诺开发，但满足时间不能确定），不同的状态意味着不同的项目风险。

最后，需要点检项目所需的关键销售团队成员是否可用，分析竞争格局、风险与愿景（风险与线索价值描述）等项目关键要素。

3. 召开线索管理评审会议并决定是否转化、培育或关闭线索，分配相应人员跟进

每个线索的去向大致分为三种。

第一种，在与客户沟通确认后，发现客户的需求是不真实的，或者与企业的业务范围严重不匹配，这时需要关闭这一线索，不再浪费资源。又或者在现阶段客户的需求并不清晰，企业无法判断线索的价值，线索管理团队对这条线索的意见也不统一，那么这条线索可以暂时挂起。要明确一点：将线索挂起并不是指关闭线索，只是意味着暂时将这条线索搁置，从经常确认状态改为隔一段时间回顾一次，比如隔一个月回顾一次，或者隔一个季度回顾一次，以此节省管理成本。

第二种，在与客户确认需求后，发现需求不但存在，而且客户马上就要启动项目。这时，线索管理就会走向第二条路径，企业不再进行线索管理，该线索将直接转为机会点并立项申请，交给销售团队主导，进入机会点管理阶段。此时的客户需求已是显性需求，企业将会面临激烈的竞争，需要客户关系为此保驾护航，而客户关系掌握在销售手中，所以机会点管理应该由销售团队主导。

第三种，在与客户沟通并发现需求后，发现需求客观存在，但客户对此还没有完全想清楚，客户端的不同决策者的意见也没有统一，而企业判断这个需求蕴藏巨大的发掘潜力，此时经线索管理委员会决策批准，这一线索将进入线索管理的下一个阶段，即跟踪与培育线索阶段。

管理线索流程下的三级流程：跟踪与培育线索

跟踪与培育线索阶段是线索管理的核心。

在流程描述中，其关键活动有三个：一是分析差距并制订线索培育策略和计划；二是线索培育责任人执行线索培育计划；三是每双周向线索管理委员会汇报线索培育进展。

但是仅看这三个关键活动或许不清楚如何落实线索的跟踪与培育，想了解其核心，要充分理解前面展示过的线索管理最佳路径中的跟踪与培育线索这个部分。

在跟踪与培育线索流程中，华为采用的是标准的解决方案销售逻辑模型（见图3-4），这个模型不是华为创建的，市面上讲解决方案销售的书，基本上都是按照这个模型展开的。这个模型在逻辑上很严谨，但是在现实中很难用好。因为这个模型在实际应用的时候专注于提升个体的销售能力——把销售培养成明星销售。

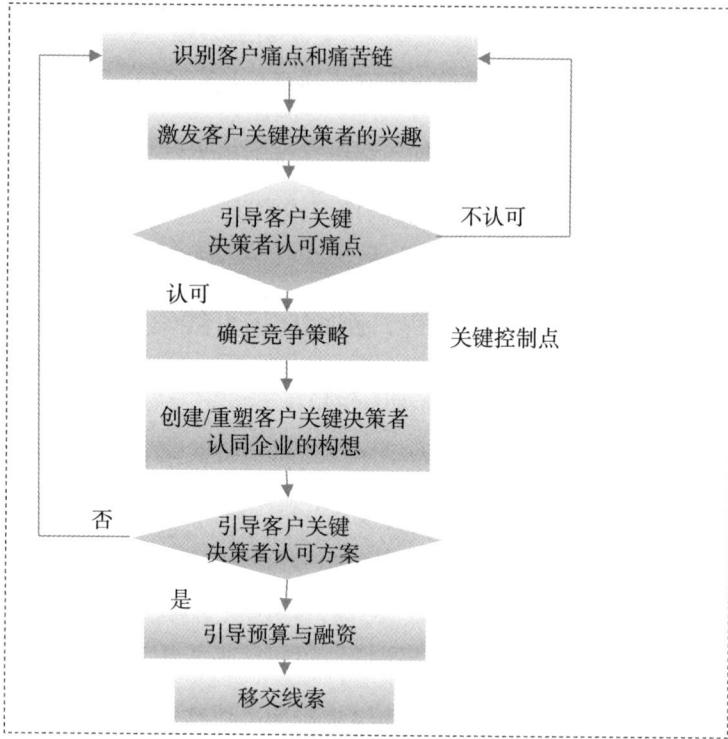

图 3-4 解决方案销售逻辑模型

然而这个模型对个体的能力要求太高,想应用好它,企业至少要满足四个条件:第一,销售要非常精通本公司的产品与方案;第二,销售要懂客户的业务,而且要比客户更懂客户的业务,这样才能成为对方的咨询对象,做好一个合格的顾问;第三,销售要会洞察客户的心理,建立好客户关系,赢得客户的信任,这样客户才愿意接受你的方案;第四,销售要有项目管理能力,既能调动客户,也能调动公司内部资源在项目中发挥作用,这样,项目计划才是有序且可控的。

对任何一个公司来说，能同时满足以上四个条件的销售都是凤毛麟角，因此这一模型根本不具备普遍性，这让销售组织打造顾问式销售变得可望而不可即，也就难以应用这个模型了。

那为什么华为可以应用这个模型？因为通过构建流程，华为可以以团队的形式实现资源与能力的互补，用团队专业化取代个人专业化，从而实现顾问式销售的效果。

我们来看一看顾问式销售的六步工作要点。

1. 识别客户痛点和痛苦链

顾问式销售是把销售方式由推销产品型转变为解决方案型。有时，客户并不关心企业的产品与技术，他关注的是他自己的问题，以及企业能否很好地解决他的问题。所有项目的源头都是客户的业务痛点，如果客户没有痛点，就不会有项目。所以我们必须从企业自身的立场中跳出来，真正站在客户的角度思考问题，理解客户的业务以及业务的完成场景，为客户发现和解决问题。在这个过程中我们会用到一个工具——痛苦链与痛苦表（见图3-5）。

痛苦链与痛苦表是一种基础的客户需求分析工具。以图3-5中的客户的首席运营官（COO）为例，该如何去找其业务痛点？一般以客户岗位关键绩效指标（KPI）作为切入点。

客户只会对与自己岗位相关的事情感兴趣，也只有客户岗位KPI出现了问题，客户才会感到痛苦。比如客户的COO发现最近客户满意度呈下降趋势，原因是IPTV业务的客户投诉连续4个月高增长，这就是COO的业务痛点。

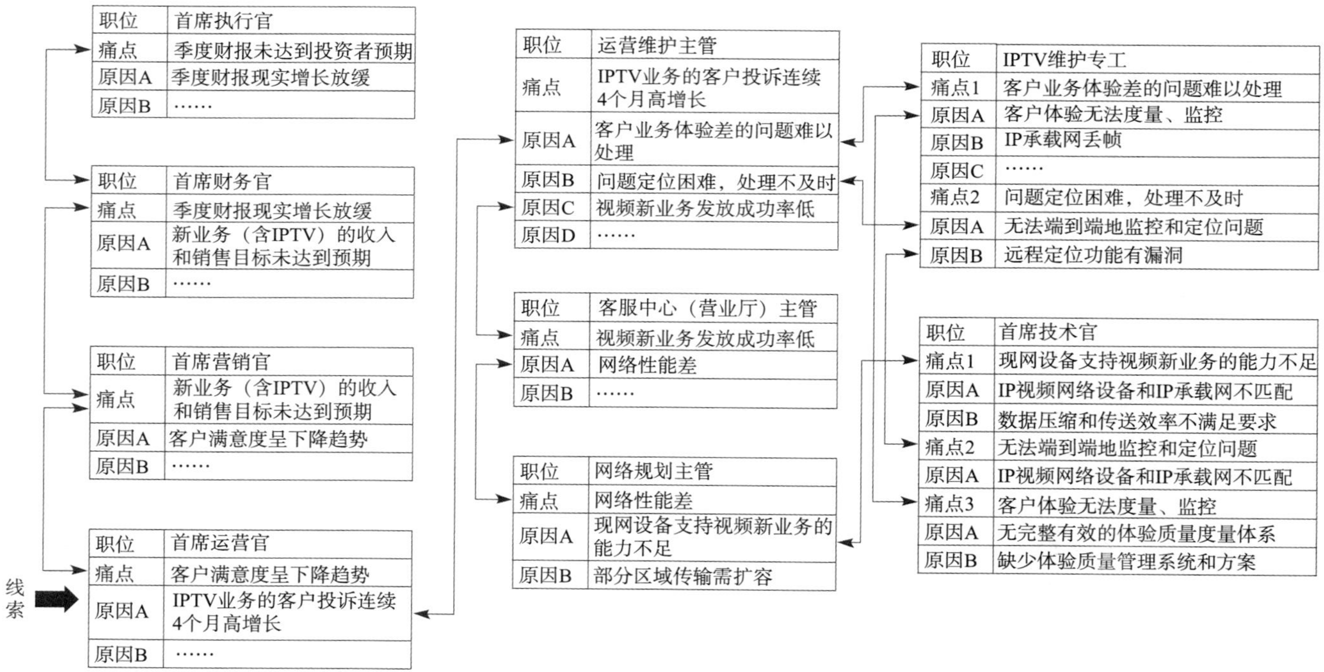

IPTV维护专工

职位	IPTV维护专工
痛点1	客户业务体验差无法度量、监控
原因A	客户体验无法度量
原因B	IP承载网丢顺
原因C	……
痛点2	问题定位困难，处理不及时
原因A	无法端到端地监控和定位问题
原因B	远程定位功能有漏洞

首席技术官

职位	首席技术官
痛点1	现网设备支持视频新业务的能力不足
原因A	IP视频网络设备和IP承载网不匹配
原因B	数据压缩和传送效率不满足要求
痛点2	无法端到端监控地监控和定位问题
原因A	IP视频网络设备和IP承载网不匹配
痛点3	客户体验无法度量、监控
原因A	无完整有效的体验质量度量体系
原因B	缺少整体质量管理系统和方案

运营维护主管

职位	运营维护主管
痛点	IPTV业务的客户投诉连续4个月高增长；客户业务体验差的问题难以处理
原因A	问题定位困难，处理不及时
原因B	视频新业务发放成功率低
原因C	……
原因D	……

客服中心（营业厅）主管

职位	客服中心（营业厅）主管
痛点	视频新业务发放成功率低
原因A	网络性能差
原因B	……

网络规划主管

职位	网络规划主管
痛点	网络性能差
原因A	现网设备支持视频新业务的能力不足
原因B	部分区域的传输需求扩容

首席执行官

职位	首席执行官
痛点	季度财报未达到投资者预期
原因A	季度财报现实增长放缓
原因B	……

首席财务官

职位	首席财务官
痛点	季度财报现实增长放缓；新业务（含IPTV）的收入和销售目标未达到预期
原因A	新业务（含IPTV）的收入和销售目标未达到预期
原因B	客户满意度呈下降趋势

首席营销官

职位	首席营销官
痛点	新业务（含IPTV）的收入和销售目标未达到预期
原因A	客户满意度呈下降趋势
原因B	……

首席运营官

职位	首席运营官
痛点	客户满意度呈下降趋势；IPTV业务的客户投诉连续4个月高增长
原因A	IPTV业务的客户投诉连续4个月高增长
原因B	……

线索

图 3-5 痛苦链与痛苦表

在企业中，各个部门的业务存在相关性，这意味着某个部门出现的业务痛点不会孤立存在，而会向周边传导进而影响其他部门，成为其他部门痛点的产生原因。依旧以客户的 COO 的业务痛点为例，它向上传导会影响客户的首席营销官（CMO），因为客户满意度的下降会影响 IPTV 业务的收入，使其达不到预期，这种传导就是由痛苦表衍生的痛苦链。客户痛点的传导范围越广，影响客户的层级越大，成为项目的可能性就越高。

2. 激发客户关键决策者的兴趣

关键决策者指的并不是某个具体的人，而是在客户的决策链中有话语权的人。企业中的某个决策者可能并不能决定项目是否启动，在足够数量的决策者的支持下，才有可能推动项目启动。在这一步要关注的要点是，销售要与每个客户关键决策者基于他们的岗位 KPI 探讨他们感兴趣的业务问题，提高他们对问题的关注度，而不是一味推销自己的产品与方案，这样容易引起客户的反感。

销售在这个阶段常见的问题就是与客户交流一番后将讨论的焦点自觉或不自觉地绕到自己的产品和方案上，这一方面是因为销售对客户的业务不够了解，没办法与其深入沟通，另一方面是因为短视和功利的心态。而这个阶段销售的核心目标是让客户愿意和自己深入探讨其业务问题。

3. 引导客户关键决策者认可痛点

这是非常关键的，即我们通过分析问题，发现这个问题对客户造成影响并且这一观点得到了客户的认可。如果客户认同你分析的问题，但是不关注问题的影响，认为这是个小问题，那他就不会想要通过启动项目来解决问题。这里的客户关键决策者也不是指一个人，要有足够数量的决策者认识到问题的严重性，才能够走到下一步。如果做不到这一点，说明企业对客户问题的分析不够深入，没有找到真正的症结，需要通过痛苦链与痛苦表重新分析，重新引导客户。

4. 确定竞争策略

这是一个关键控制点。这个控制点是很多企业业务管理的盲区，即没有在项目中提前锁定竞争对手。企业运作项目、管理并控制客户需求的目的是相较于竞争对手建立比较优势。如果不能在引导客户需求前锁定对手，"果实"就很容易被对手摘走。有时企业辛辛苦苦引导、推动的项目，很容易在最后环节被竞争对手低价得到，功亏一篑。

5. 创建 / 重塑客户关键决策者认同企业的构想

这一步的核心目的是把客户需求与企业的产品方案优势相匹配。客户作为一家企业，它的项目需求来自方方面面，包括市场部门的需求、运维部门的需求、技术部门的需求、财务部门的需求等。如果企业对客户的项目需求不加以引导与控制，那么在满足有些需求方面可能并不具备优势，甚至处于落后地位。所以要对客户的需求进行管理，让客户最终的项目需求向对我们有优势的方向倾斜。

6. 引导客户关键决策者认可方案

这一步是对前面项目引导效果的确认，即企业与客户决策链中的关键决策者确认项目需求，提出企业解决问题的方案与建议，突出差异化优势，并获得对方的认可。这有点儿像在进行一次竞选，企业要让他人给自己投票，让支持企业的人压制反对企业的人，这样才能决定客户的选择。如果企业争取不到足够的投票，那项目就会有风险，客户最终可能不会选自己。

如果企业分析后的结论是项目存在风险，那就需要回到第一步，重新进行项目引导，但如果企业评估投票足够多了，就可以往下推进，与客户的采购部门合作，进入引导预算与融资环节，并准备移交线索。到了这个阶段，竞争对手通常会有所反应，因为对于任何公司来说，采购部门都是重点观察的部门，采购部门一有动作，大家就会蜂拥而至，商机就进入强竞争阶段。

线索培育的辅助工具：九格构想

在跟踪与培育线索的过程中，企业经常会用到一个工具：九格构想（见图 3-6）。

这是一个非常好用的工具，但是会用并且能用好的人不多。它采用开放、控制、确认三个动作引导逻辑，通过诊断原因、探究影响、构想能力的方式进行需求的收敛与控制，最终让客户说出企业想讲的话。

想象一下这样的场景：在一些电视剧里，律师在问证人的时候，经常会说"我问你一些问题，你只需要回答是或者不是"，但如果证人真的这么做了，那么他的回答留给陪审团的印象，恰恰就是律师希望他留下的印象。

针对客户在项目中的隐性需求与显性需求，企业在使用九格构想的时候是有差别的。隐性需求是客户并没有意识到，或者客户虽然意识到了但没有

	诊断原因	探究影响	构想能力
提出	R1 "跟我说说，是什么导致你有……（重复痛苦）？"	I1 "除你之外，贵公司还有谁会受到这个（痛苦）的影响？（痛苦）是如何影响他们的？"	C1 7 "你需要做些什么才能够（实现你的目标）？" "我有些主意，能让我试试吗？"
重构	R2 2 "是不是因为…… 原因A…… 原因B…… 原因C……""	I2 5 "这个（痛苦）会导致…… （其他痛苦）吗？" "如果会，那么，（其他职位）也会关注了。"	C2 8 "你提到（复述原因）…… 是否会有帮助，如果能够 能力构想A…… 能力构想B…… 能力构想C……""
确认	R3 3 "也就是说，（痛苦）的原因是……？对吗？"	I3 6 "据你刚才所说，（重复'如何'和'如何'）也受到了影响。听起来这不仅是你的问题，还是一个_的问题。对吗？"	C3 9 "所以，如果你能够（总结能力构想），那么你可以（实现你的目标）吗？"

重点学习在显性需求与隐性需求中使用九格构想的区别：顺序不同

隐性：R1-R2-R3-I1-I2-I3-C1-C2-C3

显性：C1-C2-R1-R2-R3-I1-I2-I3-C3

在构想控制型问题时，使用流畅度表（情境表）提示卡，可以帮助销售人员建立情境流畅度

购买构想

图3-6 九格构想在隐性需求中的使用逻辑

90

想清楚的需求，对于这种需求，企业进行引导的目的是帮客户"创建"构想，从而实现客户需求的显性化。

九格构想这一工具的使用顺序依次是诊断原因、探究影响、构想能力。

1. 诊断原因（R1-R2-R3）

企业应先用开放式的问题与客户探讨他们的业务中存在的问题，这些问题有一些是企业在拜访其他客户的过程中了解到的，也有一些是企业分析客户的业务时分析出来的，但要通过对客户的拜访来与客户确认。一旦客户对某个问题显示出浓厚的兴趣，企业就需要对此问题进行深入分析，探讨产生问题的根本原因。

在这一环节，企业会用到客户痛苦链与痛苦表这一工具。其中，客户痛苦表又称"情境流畅度提示表"，是基于客户的岗位 KPI 建立的客户问题集。企业在控制客户对问题的敏感度的时候，要尽量向客户的岗位 KPI 靠拢，这样才能让客户产生更大的兴趣。这么做的目的是让客户认同问题分析结果，一起完成对问题的选择。在引导客户确认并选择问题的时候，企业要尽量避开竞争对手的强项，因为这些问题最终要与企业的项目方案相关联。

2. 探究影响（I1-I2-I3）

这一环节的目的是探寻问题在客户组织中的影响程度，采用的工具依旧是客户痛苦链与痛苦表，探究过程总共分三步。

第一步，通过提出开放式的问题，尽可能多地收集信息，分析客户问题在客户内部的组织影响范围以及影响的客户层级，为企业制定项目引导策略提供依据。第二步，如果发现客户问题涉及的客户层级过高，部门过多，超出了客户关系能够影响的范围，比如问题涉及的某个部门的领导是企业不熟悉的，或者是对企业不友好的，就需要通过控制型的问题把客户的思路拉回来，从而让项目尽可能避开这个部门。第三步，与客户共同确认问题的影响范围和问题的严重性，为下一步的客户需求管理与方案确定做好铺垫。

3. 构想能力（C1-C2-C3）

这一环节的目的是管理客户需求并确定解决方案，核心是相较于竞争对手建立差异化。也就是说，企业不仅要为客户解决问题，而且要做到在这个过程中领先于竞争对手，这样才能形成比较优势。如果不能理解这一点，那么就只是理解了这一工具的表象，而忽视了其精髓。关于这个工具具体的应用方法，我们会在后面的管理项目流程部分，结合项目管理再展开介绍。

九格构想这个工具目前处于明珠蒙尘的状况，大部分销售没有掌握它，即使有些销售听老师讲过，但是真正理解并且能用好它的人才凤毛麟角。有些人误以为这个工具是用来帮助员工完成一次高质量的客户拜访，提前进行客户拜访策划与问题设计的。

在实践中，一次客户拜访能够把九个格都"走完"的情况非常罕见，这只会存在于课程中的学员演练之间。从小处讲，这个工具可以帮助员工跟踪与培育一个客户需求，进行一系列的客户拜访，也许每次拜访只能走完一步或几步，甚至在困难的时候，要通过几次客户拜访才能完成其中的一步，从而孵化出一个项目；从大处讲，在一些大项目中，项目经理可以把这个工作为项目策划与计划的支撑工具，调动项目组的成员分头行动，从而实现自己的项目意图。

管理线索流程由谁主导

与绝大部分企业由销售主导商机管理不同，线索管理是由铁三角组织中的解决方案体系来承担的，即由市场体系下的技术团队承担，这是流程得以高质量运作的关键要素之一。

前面介绍过，线索对应的是客户的隐性需求，即有时候客户有需求，但是客户不知道，或者客户还没想好，在企业引导后需求才可能显性化并成为实实在在的项目。要想做到这一点，企业就必须了解客户的行业、业务及业务的完成场景，而这恰恰是企业在市场体系下设置技术团队的目的。

在这个过程中，销售团队的作用偏弱。销售的优势体现在客户关系方面，但是在隐性需求阶段，由于客户并没有想好，竞争对手也没有动作，竞争偏弱，销售的优势难以发挥，反而是技术团队有更大的发挥空间。

以前的项目运作由销售团队主导，技术团队则负责支撑销售团队，帮助其引导客户的需求并输出解决方案。但是在线索流程确立后，技术团队在商机管理中的价值进一步提升了。换句话说，最好的项目不是客户告诉企业的，而是企业告诉客户的，企业可以更好地引领客户。

曾经有这样一个案例。一个公司的销售向公司反馈，他的客户想做一个项目，预算是 300 万元。公司很感兴趣，就派了一个专家去和客户交流需求。专家非常有经验，他并没有顺着客户的需求直接输出方案，而是和客户先探讨业务问题与客户的项目意图，帮客户理顺思路，发现那些隐藏着的、未解决的问题。后来，客户对这个项目的预算由原来的 300 万元提升到了 1300 万元，并且项目由这个公司独家负责。

线索管理不再像以前一样与竞争对手竞争明确的项目，而是自己创造项目。项目究竟能有多大，取决于企业自身的能力。

管理机会点流程

　　管理机会点流程是管理客户显性需求的方法，即企业通过把业务场景抽象化，建立一个标准化的管理模型，实现对业务的管控。很多企业在构建这个流程的时候逻辑非常混乱，在收集只鳞片爪的华为流程资料的基础上，又定义出很多具体的业务活动，特别是结合了企业原有的一些做法，这样构建出来的流程完全曲解了构建管理机会点流程的目的。

　　管理机会点流程是以客户显性需求为管理对象的质量管理流程，企业构建这个流程不是为了指导企业如何做事，而是为了教会企业如何监控业务、提升业务质量。

　　前面强调过，流程管理体系要在业务管理的标准化与业务场景的差异性中取得平衡，而管理机会点流程重点体现的就是业务管理标准化的一面。标准化意味着什么？意味着这个流程对业务场景有很强的普适性，对于不同的行业、不同的客户、不同的项目需求，这个流程都能涵盖并起到业务管控的作用。

　　标准化有两个关键点。第一，构建业务的最佳路径，重点在于突出业务管理的逻辑，淡化业务场景，因为流程一旦体现了具体的业务场景，就被限制了；第二，明确关键控制点与关键决策点，以实现对业务运行状态与质量的监控。

就像如果我们要监控一条河流的水质，我们会怎么做？我们可能会每隔一段距离建立一个水质采样点，定时抽样检测，而不会把河里的每一滴水都检测一遍，管理机会点流程也基于同样的道理构建。与管理线索流程类似，企业在管理机会点流程中也需要构建业务最佳路径的模型（见图3-7），明确业务逻辑与业务管理要求，为流程的进一步开展做好铺垫。

对于机会点的管理，该模型按照逻辑分成了四段：验证机会点、标前引导、制定并提交解决方案、谈判和生成合同，这就是管理机会点流程下的四个三级流程，其中的前两个流程更为关键。

管理机会点流程下的三级流程：验证机会点

验证机会点是在流程构建过程中最先明确的关键决策点，其作用是分析并决定是否对某个机会点做进一步投资（见图3-8）。想真正理解这个流程，关键在于理解"投资"二字。任总强调，要摆脱技术情结，建立以市场为中心的业务导向，做一个成功的"工程商人"。

验证机会点

制定并提交
解决方案

客户的预算、购买点
已经明确的机会点，创建机会点

分析需求和制定投标策略

评估机会点

设计总体方案/开发标书

ATI

申请并执行ATB

不通过

关
闭
机
会
点

澄清方案进入短名单

分析客户已有的构想并确认痛点

发起谈判/更新授权

与客户谈判并起草合同

ATI

确定竞争策略

重塑KDM，使其认同
企业的构想

申请并执行ATC

不通过

签前审核

KDM认同
企业的构想

签订合同

否

签后复核

通过

制订并执行联合工作计划

准备合同交接关闭机会点

引导客户标书

生成PO

标前引导

引导客户评标标准

谈判和
生成合同

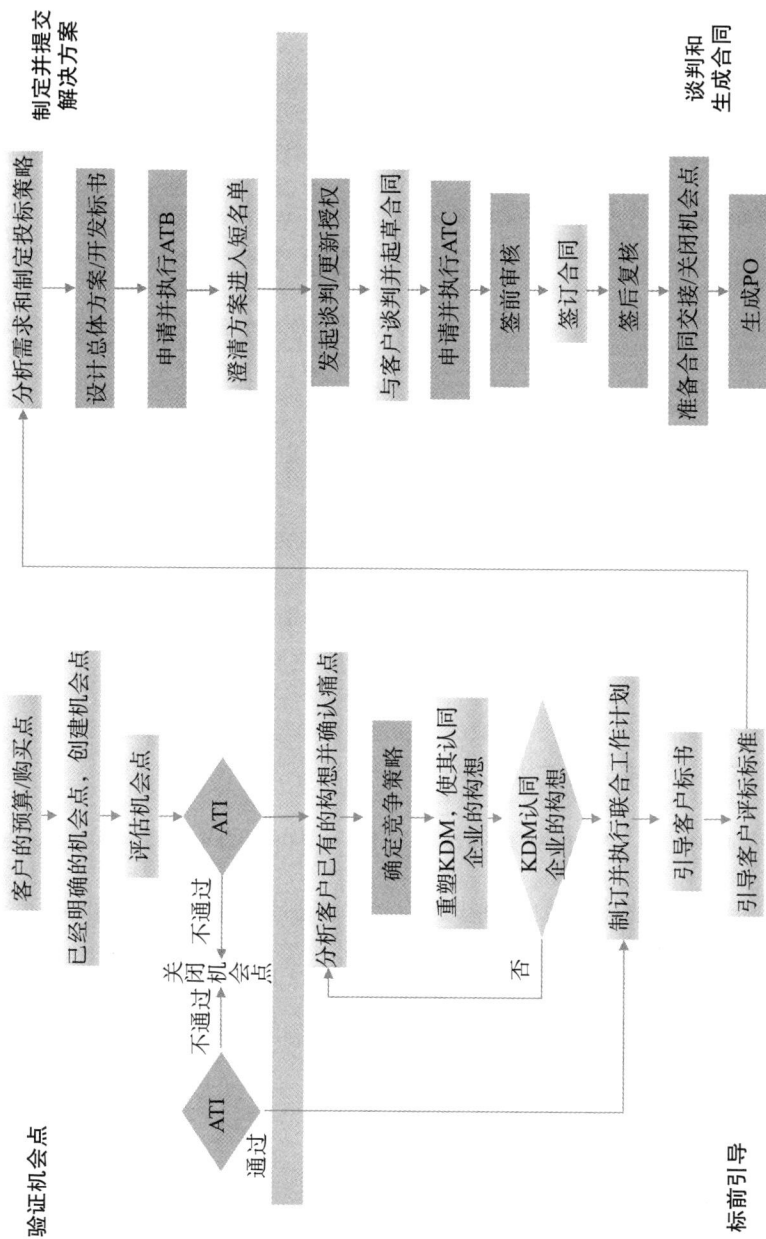

图 3-7 管理机会点流程最佳路径模型

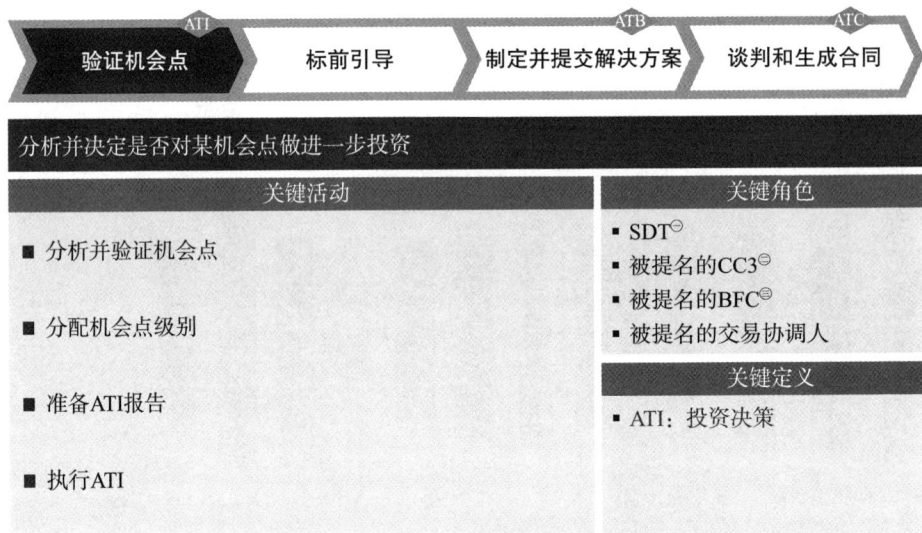

| 验证机会点 `ATI` | 标前引导 | 制定并提交解决方案 `ATB` | 谈判和生成合同 `ATC` |

分析并决定是否对某机会点做进一步投资

关键活动	关键角色
■ 分析并验证机会点	▪ SDT⊖
	▪ 被提名的CC3⊜
	▪ 被提名的BFC⊜
■ 分配机会点级别	▪ 被提名的交易协调人
	关键定义
■ 准备ATI报告	▪ ATI：投资决策
■ 执行ATI	

图 3-8　管理机会点流程下的三级流程：验证机会点

验证机会点即进行项目立项这个关键决策点的增加对于业务的价值主要体现在以下两个方面。

1. 让企业实现了业务运作与业务管理相分离的原则

所谓"旁观者清"，以往的销售业务由销售部门自我主导，考验的是销售的个人能力。但是优秀的销售数量稀少，而且个体总会存在某些方面的不足。企业通过立项管理实现订单的分流，从而抓住业务的主要问题。

对于小项目，企业仍然沿用原有的管理方式，即通过培养能人提升业务

⊖ 即 Sales Decision-Making Team，销售决策团队。——编者注

⊜ 包括客户经理、产品经理和交付经理。——编者注

⊜ 即 Business Financial Controller，业务财务控制人。——编者注

的质量。企业由任职资格体系牵引，培养业务所需人才，并在业务中使用资源的时候，通过"选对的人"做出资源投入决策。比如，企业要求任职资格在三级以上的人才能独立操作小项目，再通过项目的成败进行人员的激励或淘汰，以保持团队中的个体战斗力。

对于大项目，企业则采用了不同的做法。大项目对企业很重要，企业投入的资源多，项目的过程也很复杂，非常考验团队间的协同能力。一个成功的大项目与一个失败的大项目相比，二者所需投入的资源差距并不大，甚至有些时候，失败的项目比成功的项目消耗更多的公司资源。因此，企业如果能够提升大项目的赢单率，就能在短期内大幅提升营销团队的人均产出。

并不是所有订单都要严格按照流程一步步进行，流程是为了提升大项目的运作质量而建立的管理系统，而项目立项这个关键决策点就像阀门一样，保障大项目会沿着流程"管道"被规范管理。

也就是说，对于小项目，流程不会每一个都介入并进行管理，只要保证项目被记录在 IT 系统中，并且企业关注其整体表现即可。比如系统中显示本周小项目的赢单率在 40% 以上，企业认为这一状态是正常的，不需要进行管理。但如果这段时间小项目的赢单率急剧下滑，比如下降到 20%，那可能就意味着业务出现了问题，这时才需要业务部门对业务做具体分析，定位问题并解决问题。

但是企业对于大项目会出现叠加式的管理。在华为，地区部级以上的项目才能被称为大项目。如果是一个地区部级的项目，项目管理的第一责任人是这个项目的主要责任人——项目经理，但是除了项目经理，企业设在这个项目所在国家的销售管理部也要每周跟进这个项目的进展，监控项目运作的规范性与质量。

在有些大项目中，销售管理人员还会直接下沉到项目中，做项目经理的助手，与项目经理共同管理项目。除了代表处的销售管理人员，比代表处高一级的区域组织（比如中亚地区部）的销售管理人员也要每周跟踪同一个项目。如果是公司级项目，那么关注项目的部门层级还会更高，公司级的销售管理部也要每周跟踪同一个项目，关注项目运作质量并帮助项目组解决项目遇到的问题。

一个公司级项目由此项目的项目经理、代表处销售管理部、地区部销售管理部、公司级销售管理部这四个层面的组织同时管理，这样做管理成本会很高，但其收益就是能够提升大项目的赢单率，从而消化上升的管理成本。企业通过项目立项实现了价值和风险不同的项目在代表处、地区部、公司级三个不同的组织层面的分层管理。

2. 通过多个维度进行项目定级以支撑战略目标的落地

企业的战略制定要关注市场格局的规划，也就是要让企业具有持续发展的能力。很多企业家虽然会考虑这方面的内容，但是在实际的业务管理中却会更关注财务数字。企业任何一个宏伟的战略都需要通过一个个订单实现，那如何用订单体现企业的战略意图？这是一个非常现实的管理问题，答案是应当用目标来牵引、用绩效评价来确认价值、用绩效激励来进行奖惩，从而激发组织意愿。

这里拓展补充一下华为项目定级的五个维度。

华为的项目定级分为五个维度：客户维度、产品维度、区域维度、金额维度、竞争维度（见图3-9），这五个维度共同支撑市场格局管理的三类目标（山头目标、竞争目标、份额目标）的实现。

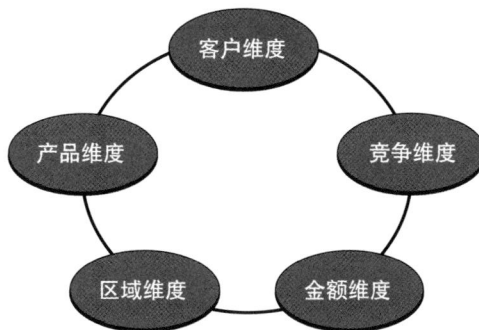

图 3-9　项目定级五个维度

（1）山头目标（例如新客户、新区域、新产品的突破）

大家想象一下，向一个新客户销售产品与向一个老客户销售产品，哪个更难？肯定是向新客户销售产品更难；那向老客户销售一个新产品与向其销售一个他已经买过的老产品哪个更难？也是销售新产品更难。但是绝大部分企业并没有根据销售的难易程度进行差异化的绩效评价，而是简单粗暴地按照订单的实际金额进行激励，这就导致员工总是销售其熟悉的老产品，或者每天只专注于老客户，企业的市场格局就总是打不开。华为很早就意识到了这个问题，并创造出针对这一问题的管理方法。

对于山头目标，最常用的激励方式是采用计算虚拟销售贡献与虚拟利润贡献这一绩效评价方式，这也是华为非常推崇的一种绩效评价方式。在 2015 年的一次公司内部会议上，任总说："未来华为仍然会坚定不移地沿用虚拟销售贡献与虚拟利润贡献的考核激励方式，以牵引大家在新的业务领域'开疆扩土'。"

举个例子，2013 年，为了能够率先在全球范围内实现某一种新产品的突破，华为选择了中亚某地区，设立了在该地建设这个新产品的全球样板点的目标。为了牵引一线实现订单的突破，华为把此产品的项目突破作为山头目标下达给该地区代表处，同时定义了一个 3000 万美元的虚拟销售贡献。

这是什么意思？就是如果该地区代表处在 2013 年实现了此产品的项目突破，哪怕只完成了 100 万美元的销售贡献，公司也会按照 3000 万美元的销售贡献来核算项目组的奖金。如果一线表现得更出色，完成了 5000 万美元的销售贡献又会怎样呢？那公司就会按照实际销售情况，也就是 5000 万美元的销售贡献来评价销售团队。虚拟销售贡献是一种下有保底、上不封顶的激励方案，它解决了员工心中的保底收益预期的问题。

很多管理者不了解保底收益对于员工的激励作用，认为公司已经很大方了，比如老产品的提成比例是 15%，新产品的提成比例则是 50%，提成比例是原来的三倍多。但实际上这种方法并没有激励作用，因为一个产品能不能卖出去与能卖出去多少，两件事的难度不一样。如果员工努力了一年，新产品的销售额只有 1 万元，那么即使按照 50% 的提成比例计算，员工也只能拿到 5000 元，这显然起不到激励作用。

而华为的激励方法中有保底收益，更能激励员工，山头目标对公司的战略布局很重要，是一定要达成的。按照保底收益，员工一旦完成任务，最少能拿到 20 万元，那么这样员工就愿意冒险去大力销售新产品。员工激励有两个要点：一是确定的东西比不确定的更能起到激励作用；二是重赏之下必有勇夫，关键在于管理者有没有魄力用现在的钱激励未来才能得到的回报，也就是要敢于为未来投入。

（2）竞争目标

在竞争维度进行项目分级的主要目的是支撑战略规划中的竞争对手"压制"目标，这个工作由重大项目部统一管理，在战略制定后的全预算中也有相应的预算支持。值得注意的是，竞争目标不一定以成功签单作为项目成功的评价依据，有些项目即使没成功签单，也有可能被评价为成功的项目。比如我们进攻竞争对手的优势区域时，不会一开始就与对手"硬碰硬"，那样代价太大。我们可以把阶段性目标先定为压缩竞争对手的利润空间、增加竞争对手的交付成本。

大家要理解一件事：与市场的保有者相比，市场后来者的早期项目运作成本一定更高，特别是当市场保有者与市场后来者势均力敌的时候，因为市场后来者的业务运作链还没有磨合好。如果市场后来者想进入市场并且站稳脚跟，就必须付出更多的市场进入成本，也可以将此理解为进入市场的"学费"。对此，华为采用的做法是"饱和攻击"。

以华为突破巴西市场为例，巴西市场一直是竞争对手的粮仓，无论客户关系还是项目期间的工作配合，竞争对手都已经达到很优秀的状态。华为在刚进入这个市场的时候，完成一个项目是亏损的。比如，华为在上一个项目中亏了 1000 万美元，那么在第二个项目中，华为定了一个目标：如果项目的亏损能控制在 800 万美元以内，公司就认为这个项目是成功的。华为把缩小亏损额度、改善盈利情况作为项目在这个时期的努力目标。2014 年，华为在巴西市场才实现当期盈亏平衡，在 2018 年实现了历史上的盈亏平衡。由此可见，华为的市场打法很简单，就一个"熬"字，看谁能熬得住，等到竞争对手都坚持不住、退出了，这个市场就是我的了。

也正因如此，我们说竞争最让人头疼的不是你不知道竞争对手在干什么，而是你明明知道他在干什么却毫无办法。

（3）份额目标

以产品金额的大小来进行项目分级是比较容易让人理解的。金额不同的订单对企业的价值不同，用金额大小作为项目定级的依据，也很容易在企业内部达成共识。

对于有多种可销售产品的企业来说，不同产品进行项目分级的金额门槛不同。比如在华为，对于基站类产品，2000 万元以上的项目才能被定义为地区部级以上的项目；对于软件类产品，可能 500 万元以上的项目就可以被定义为地区部级项目。

管理机会点流程下的三级流程：标前引导

LTC 流程变革的一大亮点就是大幅提升了标前引导的质量，以此在项目期间高质量地管理客户的项目需求。华为以前在这个阶段做得不够好，过去的标前引导不正式或效果不佳，过于依赖员工的个人能力。

IBM 曾经流传一句话："如果你不能去控制客户的需求，那么你 93% 会失去这个项目。"需求是项目的游戏规则，一个项目的质量在客户的正式需求形成前就被决定了。能通过项目立项的商机有两种（见图 3-10），一种是来自市场体系技术团队培育的线索，即通过线索管理流程得到的商机；另一种是销售团队通过各种市场活动找到的商机，例如通过持续的客户拜访。在标前引导阶段，企业对两种来源的商机的处理逻辑会略有差别。

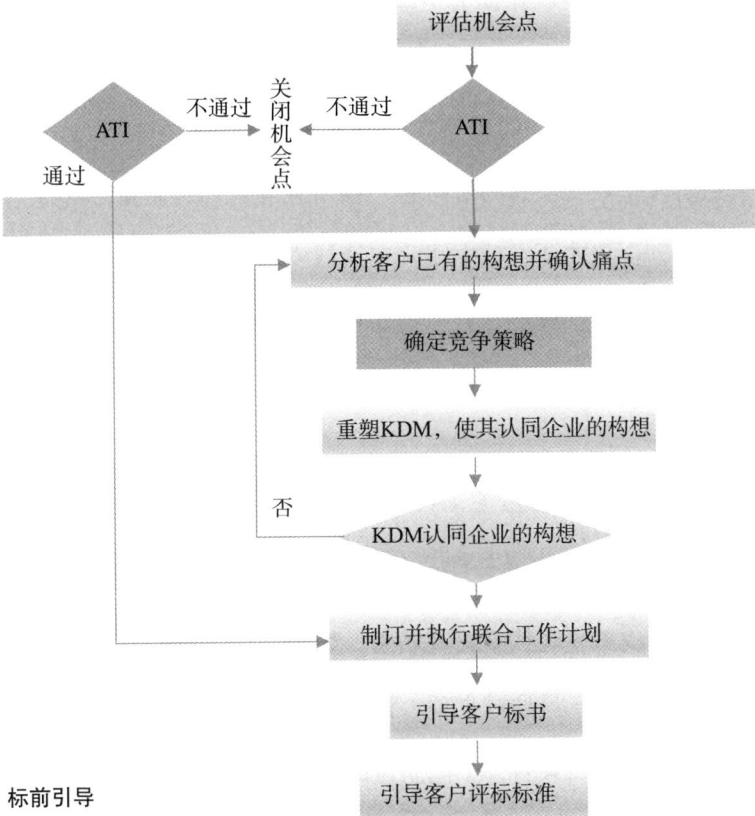

图 3-10　项目立项的两种商机来源示意图

1. 通过线索管理流程得到的商机

对于这一类商机，企业在标前引导阶段并不需要再做需求引导，因为这些事在跟踪与培育线索阶段已经做过了。企业通过定义标准化的线索流程，在客户需求的早期阶段，也就是隐性需求阶段，就已经提前进行了客户需求管理，在线索培育期就已经进行了标前引导。

在客户的项目启动后，企业只需要以销售团队的客户关系作为支撑，把前期引导的客户需求体现在标书中即可。但其中有一个风险，即线索管理由销售组织中的技术团队负责，但是机会点流程由销售团队负责，也就是由我们常说的客户经理负责。如果技术团队对客户需求的引导质量不高，到了管理机会点阶段企业又没有再进行客户需求管理，项目质量不就存在风险了吗？正因如此，企业才要在技术团队申请线索转化的步骤中增加项目立项决策，以控制这种风险。除此之外，企业还可以定义一个流程绩效指标（线索转化率）度量技术团队的工作贡献，这样做也是为了给技术团队一定的管理压力。

比如企业要求线索转化率要高于 30%，为了通过部门绩效考核，技术团队会希望每个线索都能转化为机会点，完成机会点的立项。可是销售团队会通过项目立项决策验收线索培育质量，如果线索培育质量不好，销售团队就会拒绝立项，因为一旦通过立项，销售团队就会损失自己部门的绩效指标（项目成功率）。但是如果有一个高质量的线索，相当于企业对客户需求已经提前管理，整个项目的工作已经完成 1/3，立项后能轻易推进，销售团队肯定乐于接手这样的项目。

2. 销售团队通过各种市场活动找到的商机

当销售团队发现商机的时候，如果客户已经有了明确的预算，或者有了明显的购买行为，那么对客户的引导过程如图 3-11 所示。

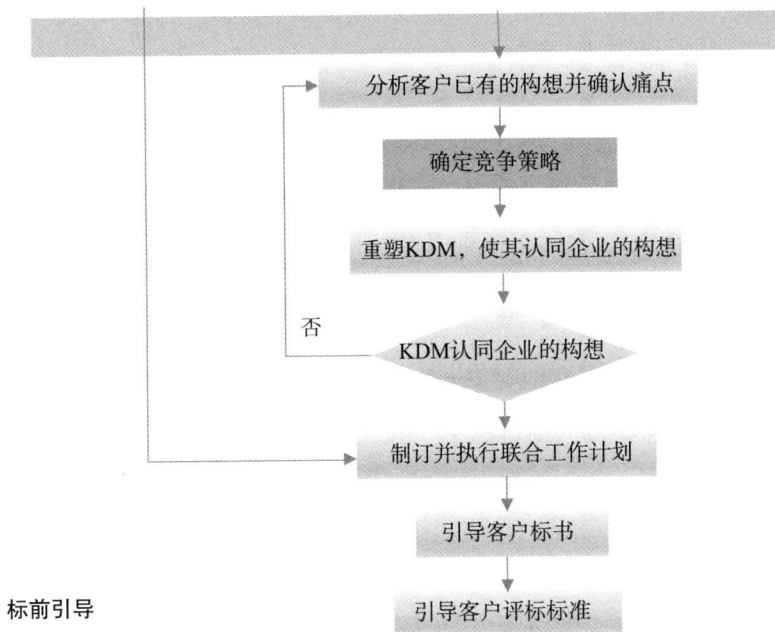

图 3-11　标前引导流程业务逻辑图

要注意的是，这个业务逻辑图与前面讲过的跟踪与培育线索的过程有点儿像，但其实它们并不一样。

（1）分析客户已有的构想并确认痛点

前面提到，没有一个厂家能够满足客户的所有需求，如果客户的项目需求已经被别人引导过，那它就会呈现一定的倾向性。企业分析客户已有的项目构想是为了找出现阶段哪个竞争对手在主导这个项目。

如果企业发现目前项目涵盖的需求对自身不利，就需要扩大客户的项目需求，通过前面讲过的痛苦链与痛苦表工具重新分析客户业务中的痛点，找到企业能够建立优势的业务痛点，再引导客户，重新定义项目的需求范围。

（2）确定竞争策略

与线索管理流程中的跟踪与培育线索流程相似的是，标前引导流程也需要锁定竞争对手，确定竞争策略。但是这两个流程的做法略有差别，在跟踪与培育线索流程中，竞争对手其实还没有出现，企业需要预判项目启动后谁会是自己的竞争对手；而在管理机会点流程的标前引导流程中，竞争对手已经出现了，企业要通过此前分析的客户购买构想，把竞争对手找出来，并且此时客户已经有了明确的项目需求，企业对竞争对手的分析可以做得更具体，可以采用雷达图或竞争对手分析矩阵分析竞争态势。

先分享一个较简单的雷达图（见图3-12）。

雷达图这一竞争态势分析方法是一种定性方法，能帮企业快速锁定竞争对手。这种分析方法以客户的项目需求（比如客户关系、解决方案、商务、服务交付、品牌等）为比较对象，把每个项目要素分成五档，由销售团队中的项目相关者一起通过头脑风暴，确定企业与其主要竞争对手在各个项目要素中的得分，所有项目要素连在一起形成的图形的面积就反映了当前的竞争态势，谁的面积大谁就更具备竞争优势。讨论竞争策略的目的是商讨把有限的项目资源投入哪个或哪几个竞争要素，才能建立企业在项目中的竞争优势。

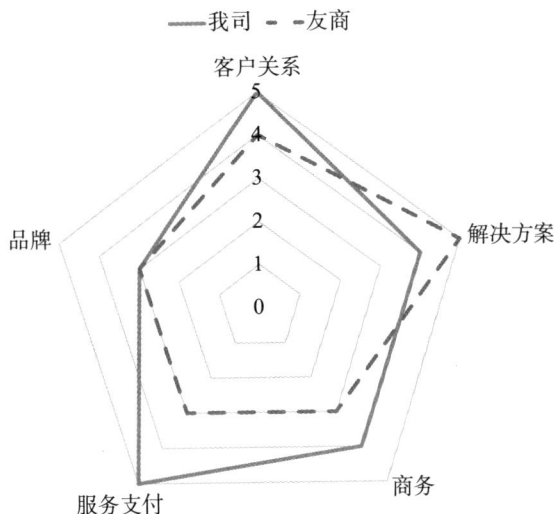

图 3-12 竞争对手分析工具：雷达图

在项目中使用雷达图这一工具的时候要注意以下两点。

第一，在项目中可能会出现很多竞争者，因此企业要在众多的竞争者中锁定两家，即找出主要的竞争对手与可能出现的黑马（如果只锁定一家，容易出现判断失误，而锁定两家，失误率就会降低很多）。

第二，有一个概念叫作"客户选择倾向性"，就是对于客户关系、解决方案、商务、服务交付、品牌这些项目要素，客户在不同的项目中会有不同的优先级排序，比如客户在选择成熟产品的时候更看重品牌，而客户在选择新产品的时候更关注技术领先程度，等等。因此在使用这些项目要素进行竞争分析的时候，企业需要对某些要素乘以一个系数，比如客户很关注品牌，那么品牌要素与其他项目要素相比，要乘以1.1这一系数，这样绘制出的雷达图能更客观地反映项目的真实竞争现状。

（3）重塑 KDM，使其认同企业的构想

这一步的关键在于"重塑"这两个字，企业要改变客户的需求，让客户的需求向对企业有利的方向变化。在这一步中，企业仍然会用到"九格构想"这个非常有用的工具，只是此时的用法和在跟踪与培育线索流程中的用法不太一样（见图 3-13）。

企业通过设计合理的项目引导策略，实现对客户显性需求的引导，其引导顺序及工作要点如下。

一是了解客户的项目构想（C1-C2）。企业通过与客户项目决策链中的关键客户交流，了解客户目前对项目的诉求，判断项目的主导方及目前企业与对手的竞争态势。

二是诊断原因（R1-R2-R3）。以客户已有的项目需求为源头，以痛苦表为支撑，企业进一步分析客户业务的痛点，尽可能以现有痛点为基础，延展出更多的业务痛点，为需求引导提供更大的选择空间。

三是探究影响（I1-I2-I3）。企业通过分析痛苦链来扩大项目的需求范围。此时企业引导交流的客户组织的大小要超出原有项目的客户决策链的组织范围，这样企业才有可能与竞争对手产生差异，因此我们要改变客户的项目决策链，或者延长客户的项目决策链。比如这个项目原来是个小项目，由处长决策，但如果企业能将其引导成大项目，改由局长决策，而局长又是支持该企业的人，那该企业就变被动为主动了。

四是重构能力（C3）。经过这一系列过程，项目控制权渐渐发生了转移，如果企业引导的需求在客户的决策链中获得了很多支持者，那企业就可以把

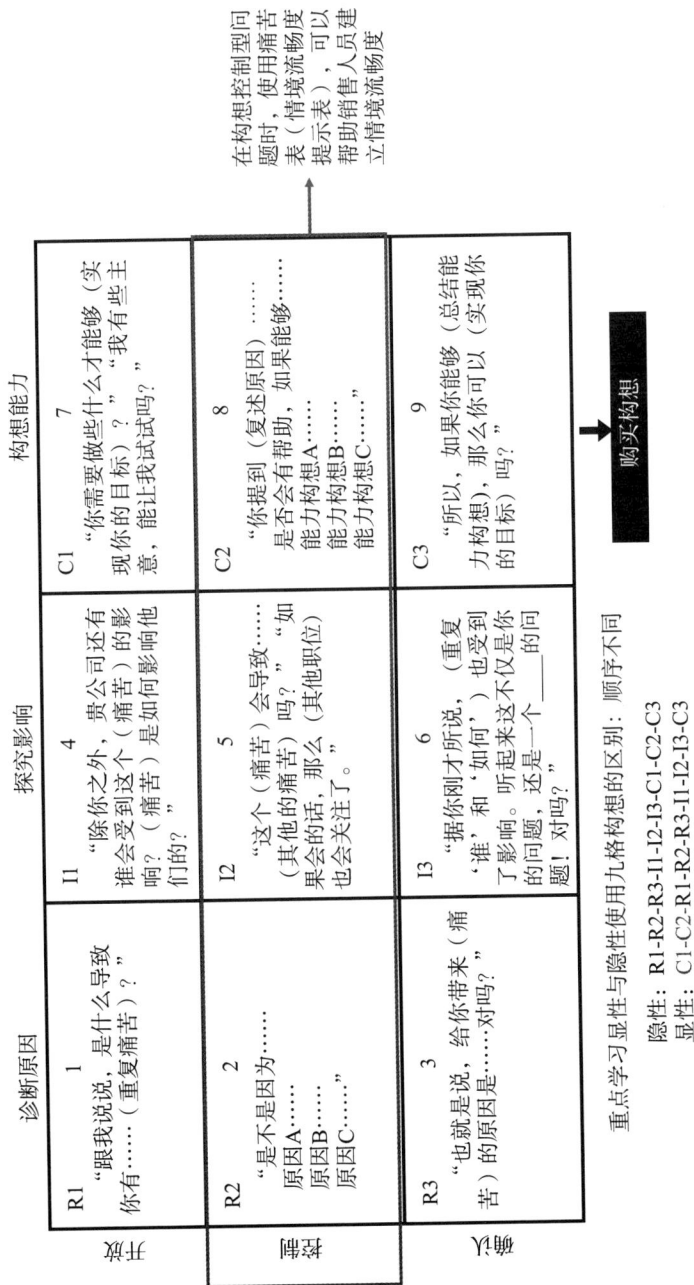

诊断原因　　探究影响　　构想能力

	诊断原因	探究影响	构想能力
	R1　1　"跟我说说，是什么导致你有……（重复痛苦）？"	I1　4　"除你之外，贵公司还有谁会受到这个（痛苦）影响？（痛苦）是如何影响他们的？"	C1　7　"你需要做些什么才能够（实现你的目标）？" "我有些主意，能让我试试吗？"
	R2　2　"是不是因为……原因A……原因B……原因C……？"	I2　5　"这个（痛苦）会导致……（其他的痛苦）吗？" "如果的话，那么（其他职位）也会关注了。"	C2　8　"你提到（复述原因）……是否会有帮助，如果能够……能力构想A……能力构想B……能力构想C……"
	R3　3　"也就是说，给你带来（痛苦）对吗？"	I3　6　"据你刚才所说，（重复'谁'和'如何'），也导致了影响。听起来这不仅是你的问题，还是一个___的问题！对吗？"	C3　9　"所以，如果你能够（总结能力构想）那么你可以（实现你的目标）吗？"

在构想控制型问题时，使用痛苦使用流畅度表（情境表）提示卡，帮助销售人员建立情境流畅度

购买构想

重点学习显性与隐性使用九格构想的区别：顺序不同

隐性：R1-R2-R3-I1-I2-I3-C1-C2-C3
显性：C1-C2-R1-R2-R3-I1-I2-I3-C3

图3-13 九格构想在显性需求中的使用逻辑

111

对自身有利的项目解决方案提交给客户。

（4）KDM 认同企业的构想

这里是一个业务判断点，如果企业在客户的决策链中已经争取足够的支持者帮企业获取项目，那企业就可以继续推进项目。如果达不到这个状态，就意味着项目的质量没有达到要求，要重新分析并设计项目引导的策略和计划。

标前引导流程的要点是价值主张

标前引导流程对客户的项目需求进行管理，从而实现对项目的控制。流程中的描述是通过基于价值的沟通进行标前引导（见图 3-14）。

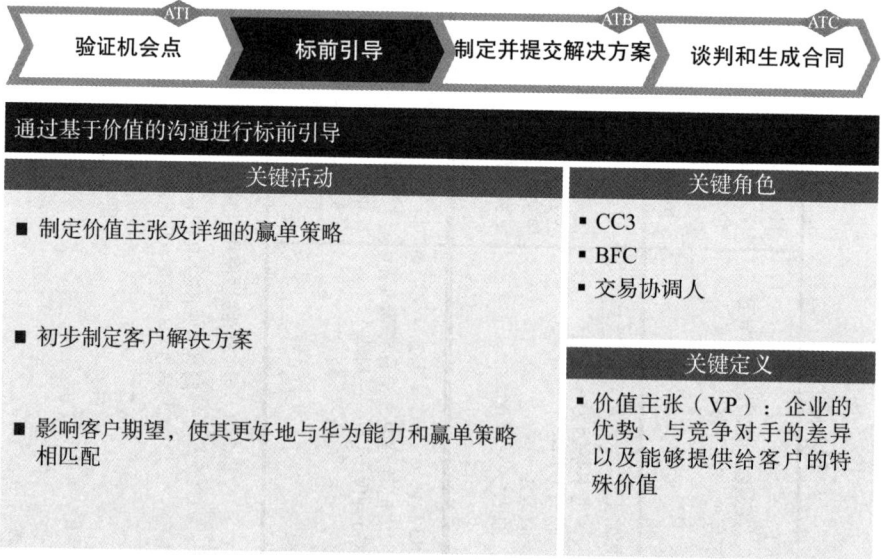

验证机会点 ATI	标前引导	制定并提交解决方案 ATB	谈判和生成合同 ATC

通过基于价值的沟通进行标前引导

关键活动	关键角色
■ 制定价值主张及详细的赢单策略	■ CC3
	■ BFC
	■ 交易协调人
■ 初步制定客户解决方案	**关键定义**
■ 影响客户期望，使其更好地与华为能力和赢单策略相匹配	■ 价值主张（VP）：企业的优势、与竞争对手的差异以及能够提供给客户的特殊价值

图 3-14　管理机会点流程下的三级流程：标前引导

简单概括一下，标前引导流程的核心就在于"价值主张"（Value Proposition，VP），即企业的优势、与竞争对手的差异，以及能够提供给客户的特殊价值。

作为流程的关键输出件，"价值主张"要作为工作质量的证据上传到 IT 系统，如果标前引导流程中没有上传"价值主张"，那么企业在对流程进行业务质量评估的时候，就会记录项目存在一个重大的质量缺陷——关键输出件缺失。

在流程使用过程中，"价值主张"有一个标准化的模板，其大致逻辑如图 3-15 所示。

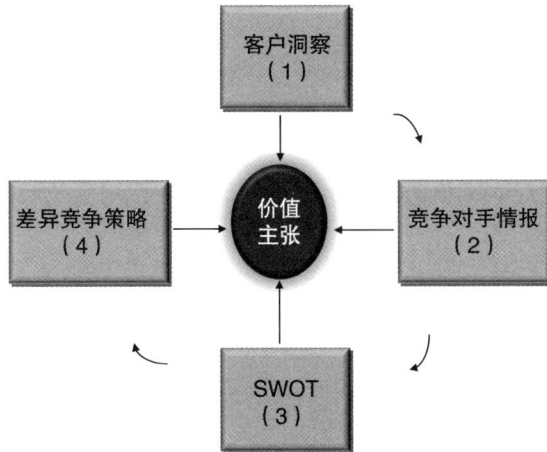

图 3-15 "价值主张"逻辑图

企业应按客户、竞争对手、自身系统性进行分析，制定并持续优化价值主张。

- **第一步：完成客户洞察**。以客户需求与痛点（即重要的客户需求）为出发点，识别客户关键成功要素与买方价值。

- **第二步：收集竞争对手情报**。针对客户诉求进行自身分析和竞争对手分析。

- **第三步：进行 SWOT 分析**。强调客户关键成功要素分析，识别其权重，结构化地制定"客户选择我们的倾向"与"客户不选择我们的根因"的引导策略，制定项目中企业对客户的价值，并将价值货币化。

- **第四步：制定差异竞争策略**。凸显企业可以提供给客户的差异化优势，并将其作为统一的关键信息在引导工作中传递给客户，以提升客户选择企业的倾向性。

这里需要澄清一点，"价值主张"并不是销售团队的项目策划与计划，它是对销售团队项目策划与计划实施的质量监控，即抽取项目关键信息，将其记录在 IT 系统中。而销售团队真正的项目策划与计划是在后面的项目管理流程中完成的。

项目管理流程中的项目策划与计划的质量越高，"价值主张"就越容易提炼。在后面的项目管理流程中，我们将结合项目策略展开讲解价值主张的具体含义。

管理机会点流程下的三级流程：制定并提交解决方案

制定并提交解决方案流程的关键作用在于加强对交易质量的管理（见图3-16）。

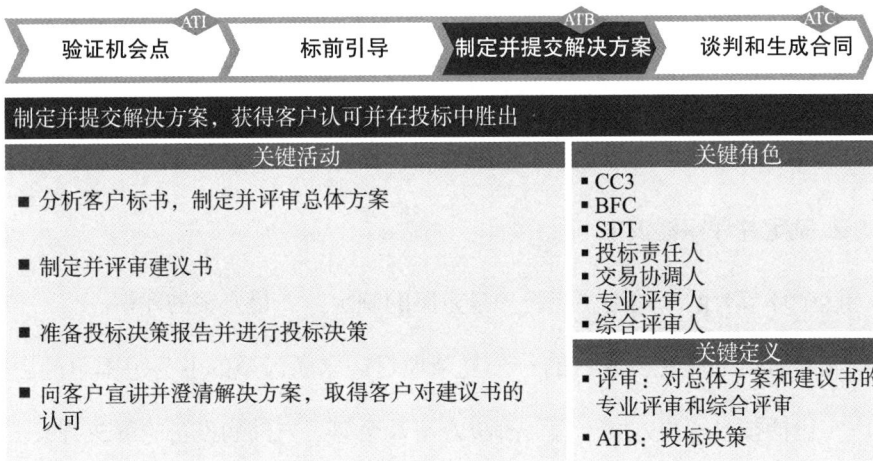

验证机会点 ^ATI^	标前引导	制定并提交解决方案 ^ATB^	谈判和生成合同 ^ATC^

制定并提交解决方案，获得客户认可并在投标中胜出

关键活动	关键角色
■ 分析客户标书，制定并评审总体方案 ■ 制定并评审建议书 ■ 准备投标决策报告并进行投标决策 ■ 向客户宣讲并澄清解决方案，取得客户对建议书的认可	■ CC3 ■ BFC ■ SDT ■ 投标责任人 ■ 交易协调人 ■ 专业评审人 ■ 综合评审人 **关键定义** ■ 评审：对总体方案和建议书的专业评审和综合评审 ■ ATB：投标决策

图 3-16 管理机会点流程下的三级流程：制定并提交解决方案

制定并提交解决方案流程以获取客户标书为起点，它的关键活动如下。

1. 分析客户标书，制定并评审总体方案

分析客户标书这个环节非常重要，一方面企业可以通过对标书的正确解读理解客户的项目需求；另一方面，企业可以对之前标前引导流程的价值主张的效果进行检验。前面讲过实现高质量交易的前提是管理、引导、控制客户的项目需求，而控制的效果最终会体现在标书中（即完全成功、部分成功或完全不成功）。

这个效果会成为企业评价项目团队的项目运作质量的依据。比如企业要求项目团队引导项目时，在标书中预理三个对企业有利的客户需求，如果项目团队能够引导客户在标书中写进去两个对企业有利的客户需求，就算引导成功。企业在拿到正式标书后要看这些客户需求最终有没有被写进标书，以

此评判项目团队的项目运作质量。

另外，标前引导的效果也会作为之后企业进行投标决策的决策依据，即如果标前引导的质量不高，那么企业还要不要参与这个项目？

2. 制定并评审建议书

这个环节有两个关键要点，一是方案的制定，二是方案的评审。

先看方案的制定。客户的一个复杂项目需求所涉及的业务范围可能会比较广，包括技术解决方案、服务解决方案甚至第三方外购设备的解决方案。

针对这种项目，在制定总体方案时如果没有主导者，只是把各个部分的方案拼凑到一起，产生的问题就会比较多。一方面，客户的项目有预算限制，企业不可能把所有的好东西都推给客户；另一方面，缺乏总体规划的方案竞争力也不强。

具体举例而言，2006年，在北非地区部的某个代表处，华为遇到过这样一件事。

当时华为正在与竞争对手竞争一个无线网络覆盖项目，北非地区的基础设施建设不够完善，电网经常会停电，因此客户要求在方案中必须包含备电解决方案。但是备电设施不是华为的产品，华为需要向第三方厂家采购该设备，并且销售该设备后其销售额也不被算入产品部门的业绩，因此产品部门对备电解决方案就不太上心，提供的是大柴油发电机备电解决方案，也就是在停电时用柴油发电。

而在这一点上，竞争对手的准备更充分，他们提供的是太阳能电池加小柴油发电机的备电解决方案。显然，竞争对手的方案更能满足客户的使用需求，因为北非地区很少降雨，日照强烈，大多数时候太阳能电池就能够满足客户的备电需求，除非遇到阴雨连绵的极端天气（这种极端天气在北非地区很少出现），才需要用小柴油发电机来发电，这个方案更方便且成本更低。

正是基于这一点，这个项目中客户最后选择了竞争对手的方案。事后在进行项目复盘时，客户经理提出，竞争对手使用太阳能电池加小柴油发电机的备电解决方案这一信息，他很早就反馈给公司了，那为什么公司还会出现这样的低级错误？

为了避免再出现这种错误，华为通过流程明确了在方案制定环节中的主导者，由销售项目组中的技术角色担任解决方案经理（Solution Responsibility，SR），完成方案的总体规划以及控制后期的总体成本，包括对技术解决方案、服务解决方案以及第三方外购设备的解决方案进行总体规划，并对方案的总体质量负责。

SR 在项目中将作为客户需求的代表，全面理解客户的需求范围，组织项目组各成员管理并引导客户，将客户需求引导为项目需求，并通过整合公司内外部资源满足客户的项目需求，而项目组的其他角色在客户需求管理方面要支撑 SR 的工作。

再来看看方案的评审，即如何对方案的质量进行把关。绝大部分企业在这方面的管理都非常薄弱，它们把任务的承接者同时定义为方案质量的把关者，即让员工自己审核自己的方案。这种做法过于依赖员工的个人能力和主观能动性，其实是在"偷懒"，是管理上的不担责、不作为。而流程对这方面做了改进，增加了关键控制点，增加了专业评审人与综合评审人这两种专业评审角色（具体在后面展开讲解），明确了组织在工作质量把控过程中应该承担的责任，企业提交给客户的所有交付件，代表的不是员工的个人能力，而是企业的能力。

3. 准备投标决策报告并进行投标决策

在这个环节，有一个流程关键决策点——投标决策（Authorize to Bidding，ATB），这是一个控制交易质量的非常重要的决策点。基于标前引导流程对客户需求的管理，项目到了客户发标阶段，项目需求基本上已经明确，企业要评估项目收益与风险，并决定针对这个项目是否投标。

投标评审涉及解决方案、交付、商法、财经四个专业维度，是一个跨专业领域的决策行为，因此需要由流程中定义的 BFC 支撑销售项目经理完成投标决策报告的拟定并提交决策；而投标决策由前面讲过的各级区域经营单元（片联、地区部、代表处）的 SDT 行使决策职责（关于 SDT 及其决策的方式，后面会展开介绍）。

4. 向客户宣讲并澄清解决方案，取得客户对建议书的认可

正式的宣讲方式即讲标，也有一些项目不需要讲标，只需要进行一些需求的澄清。客户需求与各个厂家的能力可能无法完全适配，各个厂家的方案往往是客户标书需求的子集，即使能满足客户的所有需求，各个厂家的满足能力也不一致，比如有些厂家提供的服务更好，有些厂家的价格更有优势，因此客户要对各个厂家的建议书进行比较，从而进行取舍。

企业与客户交流的目的，是让客户认可其建议书。在这个过程中，企业需要了解客户的决策流程及方式，以便更好地控制这个过程。比如，有些项目的投标分几轮，企业要先入围短名单，然后经过技术标、商务标的评审，对此企业要制定明确的投标策略。比如华为曾用错位战术，即先通过技术标构建壁垒，淘汰那些技术不如自己强、喜欢打"价格战"的低端厂家，再在商务标阶段与其他厂家拼商务能力，以获取一定的项目份额。

管理机会点流程下的三级流程：谈判和生成合同

谈判和生成合同流程有三个关键环节（见图3-17）。

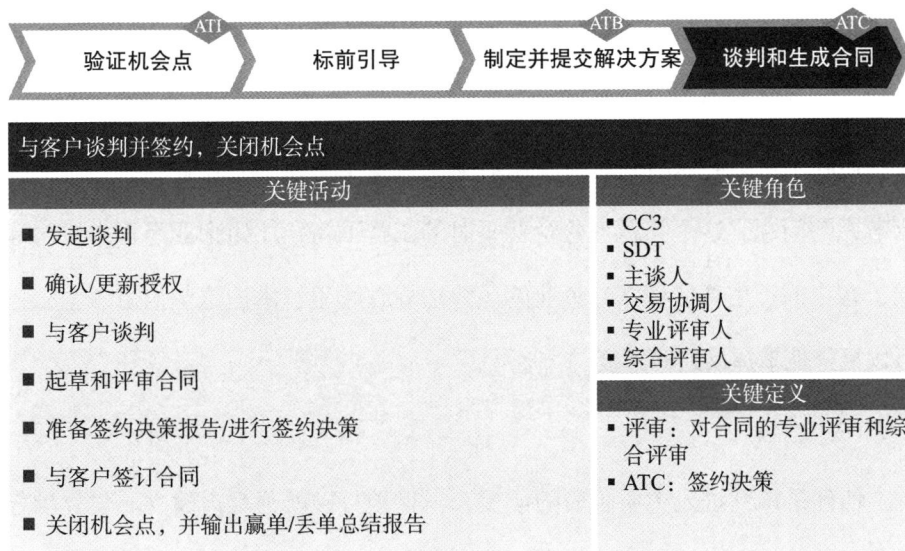

验证机会点	标前引导	制定并提交解决方案	谈判和生成合同

与客户谈判并签约，关闭机会点

关键活动	关键角色
■ 发起谈判	▪ CC3 ▪ SDT ▪ 主谈人 ▪ 交易协调人 ▪ 专业评审人 ▪ 综合评审人
■ 确认/更新授权	
■ 与客户谈判	
■ 起草和评审合同	**关键定义**
■ 准备签约决策报告/进行签约决策	▪ 评审：对合同的专业评审和综合评审
■ 与客户签订合同	▪ ATC：签约决策
■ 关闭机会点，并输出赢单/丢单总结报告	

图 3-17　管理机会点流程下的三级流程：谈判和生成合同

1. 进行合同谈判

华为作为一个国际化的大公司，当然也很重视项目合作过程中的合同谈判环节。华为注重对员工合同谈判能力的培养，并视其为员工任职资格体系中晋升的必备能力，比如销售线中员工任职资格想达到四级，需要提前完成"如何进行合同谈判"等相关课程并通过考试。华为在谈判和生成合同流程中也嵌入了合同谈判流程，它实际上是一个子项目。我在这里简单介绍一下合同谈判流程的 8 大要素。

（1）谈判目标

这是企业最终想达成的结果。谈判目标决定了谈判的方向，如果企业不想只做"一锤子买卖"，目标就应该长短结合，合适的长期目标是再次合作的基础。

（2）风险管理

谈判中机遇与风险共存，如何避免风险是每个谈判者在计算获利时首先应考虑的问题。这个问题考验企业平时的工作准备，比如企业是否在平时建立了客户的资信评估档案？企业的风险边界在哪里？掌握这些信息，主谈人可以更好地掌握谈判的尺度。

（3）信任

信任是谈判进入实质阶段的前提，一旦被打破就很难再建立。建立信任需要冒一定的风险，越早建立信任对谈判的成功越有利。

（4）客户关系

客户关系会影响谈判双方的报价、信任度，甚至是谈判结果。建立良好的客户关系需要双方的努力，也与销售平时和客户的沟通密切相关。如果客户的谈判团队中有与企业关系更亲近的人，这对企业了解客户的真实态度、谈判意图及营造良好的合作氛围有很大帮助。

（5）双赢

华为的价值观中有一条是"以客户为中心"，因此华为特别重视客户满意度。当然，想让客户满意也要有边界，企业要以自身的生存作为底线，双方的合作必须建立在长期双赢的基础上。谈判只有建立在双赢的基础上才能成功，双方各取所需、共同获利。合同谈判团队会利用"得让清单"这个工具来共同制定双赢的合同谈判策略（见图3-18）。

维度	我们的优先级	得	涉及金额	让	客户的优先级	说明
客户解决方案要素	1	XXX		XXX	1	
	2	XXX		XXX	2	
	3	XXX		XXX	3	
客户定价要素	1	XXX		XXX	1	
	2	XXX		XXX	2	
	3	XXX		XXX	3	
交付要素	1	XXX		XXX	1	
	2	XXX		XXX	2	
	3	XXX		XXX	3	
验收要素	1	XXX		XXX	1	
	2	XXX		XXX	2	
	3	XXX		XXX	3	
回款要素	1	XXX		XXX	1	
	2	XXX		XXX	2	
	3	XXX		XXX	3	
法务要素	1	XXX		XXX	1	
	2	XXX		XXX	2	
	3	XXX		XXX	3	

(a)

不可妥协的内容	
1	
2	
3	
4	

(b)

图3-18　销售谈判工具：得让清单

（6）实力评估

谈判是双方综合实力的比拼，合同谈判团队要用平常的心态看待双方的实力，如果双方实力悬殊，则不利于谈判。

（7）谈判准备

谈判准备即组建谈判团队，明确主谈人、辅助谈判人等。主谈人的选择尤其重要，谈判要有一定的艺术性，它充分考验主谈人的智商与情商；企业应收集并分析客户的信息，比如客户谈判团队的构成与人员层级等，从而实现层级对等、专业对等。谈判前，合同谈判团队要有全盘的谈判策略与计划；在每次谈判结束后，团队要进行复盘分析。谈判效果有 80% 取决于准备的充分性，只有 20% 取决于谈判本身。

（8）授权

主要内容为谈判前合同谈判团队是否获得授权？授权的范围和程度如何？对方是否有足够的权力？谈判的结果是否超越授权？是否需要向公司确认或更新授权？

2. 准备签约决策报告／进行签约决策并与客户签订合同

这个环节也有一个流程的关键决策点——签约决策（Authorize to Contract，ATC），它与前面讲过的投标决策类似，但是其管控更严格，因为企业在决策后需要与客户签订契约并承担法律后果。从投标到签约之间，企业与客户的合作条件仍然存在变化，存在讨论的空间，而在这个环节，企业要进行最终的交易质量评估。

这是销售团队在售前阶段要走完的最后一个质量控制点，它明确了买卖双方的权利与义务，仍然由流程定义的 BFC 支撑销售项目经理完成签约决策报告的拟定并提交决策，虽然这一决策要素与投标决策完全一样，但成交的具体条件与投标阶段的条件可能就不一样了。

签约决策由各级区域经营单元（片联、地区部、代表处）的市场决策团队行使决策职责进行，如果签约决策通过，那么就可以着手准备签订合同。

3. 关闭机会点，输出赢单／丢单总结报告

这是流程重点强化的业务节点，对于大项目来说，如果项目团队没有在项目结束阶段输出总结报告并将其上传到系统，那么 IT 系统会自动判定项目的运作质量存在重大缺陷（关键输出件缺失）。没有输出总结报告的项目也不能参与项目奖的评定，不能关闭销售项目，因此输出项目总结报告在流程中是大项目的必完成活动。

输出项目总结报告为什么这么重要？因为项目复盘是一种最有效的、与实践最近的组织能力培养方式。有些企业也要求团队做项目复盘，但是对项目复盘缺乏管理，大部分流于形式，过度强调客观原因，最终不了了之。复盘没有产生效果，大家就越发不重视，从而陷入了恶性循环。

在一个大项目的运作过程中，因为项目本身很复杂，而各个阶段的项目活动又有时间限制，所以所有项目的参与者在项目中都或多或少会出现一些工作疏漏。个体由于能力和视角的局限性，看到的问题大多也是片面的。如果项目结束后，大家马上去参与新的项目，那他们就有可能在新的项目中再

犯相同的错误，付出不必要的成本。但如果项目结束后，企业给项目团队两三天的时间，让大家一起坐下来，把项目运作的整个过程复盘一遍，全面梳理项目中的得失，这对项目团队本身而言是一种很好的学习方式。

因为项目团队中的成员是亲身参与项目的人，感受更深，这样做也能提升他们的项目运作全局观，让他们不但能知道自己在项目中发挥的作用，也能了解自己的同伴都做了什么，这样他们在未来的项目中如果再次协同配合，工作就会更加顺畅。

同时，项目团队输出的高质量项目总结报告本身也是一种宝贵的企业资产，可以让企业知道员工的能力现状以及企业存在的管理问题。这些总结可以有多种用途，比如企业可以基于对员工能力的了解，通过任职资格体系牵引员工提升某些能力，或者以案例学习的方式让别的项目团队也吸收经验教训。项目总结报告还可以帮企业构建及优化流程，华为在构建 LTC 流程的过程中进行过大量的案例分析。

这里需要重点指出一点：成功的项目总结报告比较好写，可以写得花团锦簇、文采飞扬，但是按照流程的要求，失败的项目总结报告要开会进行汇报。项目失败虽然会被追责，但是企业开展失败项目分析会的目的并不是追责，而是找到项目失败的根本原因，保证日后不再犯同样的错误。很少有团队能够一次性汇报通过，这个过程也被很多人称为"架在火上烤"。项目团队要经过精神与肉体的双重折磨，深入剖析项目失败的根本原因，形成对失败的畏惧，以便在未来的项目中打起十二分精神，不再失败。

管理合同执行流程

在构建流程前，销售团队在合同执行阶段的业务活动并没有被标准化地定义出来。从设置组织的目的出发，销售团队是企业中负责增收的组织，而完成合同执行阶段的后端业务活动并不能体现销售团队的核心价值。

但是在实际的业务中，很多时候销售团队被后端业务消耗了大量的精力，很多企业把销售人员定义为"全流程"经理，他们在企业内部的资源协调、工作推动、内部公关上花费了自己 50% 甚至 70% 的精力。企业的销售人员本来就很有限，而这些人又将大部分精力投入企业内部，在市场与客户方面花费的时间就变得很少，因此业务达不到预期也就成了必然。

华为在业务的快速发展与组织的膨胀过程中，也遇到过类似的情况，比如在拓展海外市场的过程中，供货保障是关键问题之一。华为在海外市场拓展过程中遇到了很多困难，从前端市场部门来看，由于业务刚刚开展，客户关系不牢固，业务还处于磨合期，市场部门计划预测的准确率低，需求波动大；从后端供应链部门来看，服务的稳定性差，经常出现突发情况，比如关键器件缺货（海外发货以海运为主，正常情况下从合同签订到客户拿到货，要半年以上，其中备货生产需要 3 个月，海路运输需要 3 个月）。

半年的时间，市场会发生很多变化，而且即使是这样长的货期，也经常难以实现。比如，市场部门好不容易签下一单，赶紧下单让供应链部门准备发货，并询问了货期，供应链部门称 3 个月后发货，市场部门就按照供应链部门的答复回复客户。等到次月再问供应链部门："货能按时发吗？"供应链部门回复："发不了。"为什么？因为一个关键器件没有按时到货，或是原来备好的货被管理者分给另一个项目了。这种事情频繁出现，导致市场部门与供应链部门之间矛盾重重，互不信任。

事情后来发展到什么程度呢？曾经有一段时间，市场部门签了海外合同后，一线的销售主管就会专门派一个销售人员回公司，待在供应链部门催货，天天去找调度人员，追着问："我的货发了没有？"他的上级的要求是"货不发人不走"。供应链部门被追问得实在没办法了，就赶紧凑点儿物料把货发了。别的销售主管一看，这个办法挺有效，就有样学样，也派人回公司催货。

大家想想，供应链部门的办公室里坐了一群销售人员是什么场面？

企业构建流程的目的是减少非增值的业务活动，杜绝内耗的情形，因此需要把销售团队在合同执行阶段的业务活动显性化、标准化，并且把职责从员工身上转移到与流程相匹配的组织上，从而实现高质量的业务贯通。

管理合同执行流程（见图 3-19）包括三个三级流程：交接合同、管理合同、关闭和评价合同。

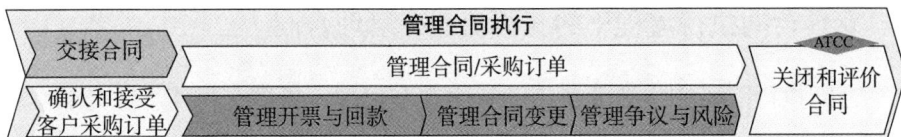

图 3-19　管理合同执行流程全景图

管理合同执行流程下的三级流程：交接合同

高质量的合同交接可以确保售前、售后团队对合同有一致的理解。交接合同包括以下四个核心步骤。

1. 注册与分发合同

依据交接文档的检查单（checklist）完整传递合同文档，依据合同信息表准确进行合同注册。

2. 准备合同交底会

在合同交接阶段，最重要的管理活动就是开展正式的合同交底会，它标志着售前与售后团队的项目责任的正式转移。在准备合同交底会的阶段，销售团队要确定交接形式并邀请参加交接的人员。

3. 通过合同交底会进行正式的合同交接

由交付部门组建合同履行团队，根据合同交接检查单及时解读合同文档。销售与交付部门的合同履行团队认真投入合同交接并会签。

4. 更新并发布澄清后的信息，跟进交接过程中发现的问题与疑点，推动问题闭环

管理合同执行流程下的三级流程：管理合同

合同执行阶段的主要业务活动集中在交付端，依据交付流程来开展。在项目交付过程中，营销流程中的管理合同流程与交付流程并行，支撑并保障合同的顺利交付。

1. 管理开票与回款

通信行业采用阶段性付款的方式，客户按照预付、到货、初验、终验、尾款的流程付款。为了提升企业的资金运转效率，华为要求合同对准开票，开票对准回款，通过月度的开票计划与回款计划，有序管理合同的回款。

华为要求销售团队向客户推荐按场景收费的理念，改变以往对双方都不利的回款方式。华为以"盖房子"做了一个形象的比喻：要把地基打下去，就应该先把打地基的钱收回来；把房子的柱子立起来，就要把立柱子的钱收回来；最后盖好了屋顶，再把盖屋顶的钱收回来。

虽然行业不同，但道理是相通的。我们不能仅仅抽象地理解那些关于流程的文字，而是要透过这些文字去思考：行业的开票与回款的状态是怎样的；在我们所在的行业中是否也存在通过建立新的业务模式，提升企业的资金运转效率的可能性；我们应该如何做。

2. 管理合同变更

合同变更这种场景在各行各业都很常见，但如果企业不对合同变更进行规范管理，就会导致前期的合同生成不够严谨，很多事情还没确定就匆匆忙忙签合同，把一些关键问题留到合同变更阶段处理。对这种低质量的合同，企业很难进行精准的收益评估与风险评估。即使前期的合同管理很严格，生成的合同质量很高，但是很多企业对于合同变更的质量和风险控制不像之前在合同生成阶段那样严格，这也会导致企业觉察不到合同变更引入的新风险，甚至导致整个交易成本上升，影响交易的质量。

华为通过建立合同变更流程，倒逼销售团队在合同生成前就一次性把事情做完、做对。合同变更流程在项目立项阶段就对合同变更次数进行了限制，比如允许合同在整个项目生命周期中变更一次。如果实际变更次数超过了规定次数，就会影响这个项目的质量评价（合同变更次数超标），而且评估变更成本也会使企业扣减项目利润，这会影响项目的奖金包，从而影响项目团队中各成员的收益，倒逼项目团队在合同生成前就把事情做得更细致，避免把问题拖到合同执行阶段。

3. 管理争议与风险

如果在合同执行阶段遇到了突发情况，即与客户产生了争议，企业就应启动管理争议与风险子流程，这个流程是对交付流程的支撑。管理合同执行流程中的合同责任人——合同经理会配合交付项目经理，密切监督和记录合同履行状态，以保障交付项目的顺利运行。

遇到交付障碍时，合同责任人接到交付流程的求助后，可以调动铁三角资源，特别是客户经理资源，协助交付团队解决交付障碍，与客户紧密合作，确保合同履行方向正确。这相当于交付流程通过集成调用营销流程中的管理争议与风险子流程，启动了一个解决问题障碍点的子项目。

管理合同执行流程下的三级流程：关闭和评价合同

绝大部分企业对关闭合同没有明确的管理要求，大多数合同是不了了之的。标准化的合同关闭可以释放法律风险，确保合同最终关闭。LTC流程中定义了合同关闭的关键决策点——关闭合同决策（Authorize to Contract Close，ATCC），但是2010年，在华为LTC流程刚刚开始进行流程试点验证的时候，这个管理活动的执行并不严格，因为大家都没有意识到这个活动的价值究竟是什么。直到2015年，任总要求大家做好合同关闭管理，做事要善始善终。这个管理活动的执行才渐渐严格。

关闭合同的业务价值可以从对内、对外两个方面来看。

对内，确保解决或规避了合同中所有的问题、风险和争议，通过项目决算来分析和确定合同损益，进行全面的项目评价，并对项目组的项目绩效进行评价与激励。

对外，确保企业履行了合同中要求的对客户的所有义务，企业通过端到端的客户回访，确保与客户有充足沟通，以增强客户关系。

合同关闭后，企业要进行合同质量整体评估并总结经验，对于在合同执行过程中发生的问题以及对合同质量影响较大并且容易重复发生的问题，要启动问题根本原因分析。如果问题是流程不完善导致的，此类问题将作为流程待优化问题被提交，在后续的流程优化环节予以解决。

第 4 章

管理流程

管理项目流程

华为的 LTC 流程包含 9 个二级流程，在这 9 个二级流程中，最重要、最核心的是管理项目流程。销售项目管理能力是营销流程的根本能力，它源于2006 年北非地区部某代表处创新的一种项目运作方式——基于铁三角组织形成的重大项目运作管理。

到了 2009 年，管理项目流程成为华为管理所有大项目的标准方法，应用时间比华为建立完整的 LTC 流程的时间还要早（华为的 LTC 流程于 2008—2010 年进行第一阶段的方案设计，2010—2013 年在中亚地区部和西欧地区部开始全球试点），因此关于管理项目流程的相关材料，外界流传的不多。

很多公司学习的 LTC 流程，是 2008—2010 年间，由埃森哲与华为合作建立的管理线索流程、管理机会点流程、管理合同执行流程，而这几个流程主要侧重于质量管理，如果用来直接指导业务，往往会出现与业务场景匹配困难的问题。

项目管理必须关注内外两个方面

想构建好流程管理系统，有一个前提条件，就是流程逻辑必须是标准化的，因为流程逻辑标准化后，就可以通过系统实现 IT 化，支撑公司的数字化管理。但是流程还必须能满足多样化场景的需求，面对行业不同、客户不同、产品不同的项目，流程应都能适配，而这一点在流程中就是通过管理项目流程实现的。

大家在学习管理项目流程的时候，要理解管理项目流程与管理机会点流程之间的联系与区别，这两个流程很容易混淆。管理机会点流程通过项目的分级制度，实现了对商机的筛选，建立了"小项目管选人，大项目管协同"的差异化管理机制。但无论大项目还是小项目，承接任务的责任人都要有能力把事情做对，而管理项目流程是教企业正确做事的流程。

管理项目流程的底层逻辑与工具方法来自标准的解决方案销售方法论，但是华为与其他企业对解决方案方法的应用又有所不同，这也算是华为在营销管理方面进行了微创新。

管理项目流程要解决的核心问题有两个：第一，如何激发员工的意愿，让员工愿意把事情做好；第二，如何给员工赋能，让员工学会把事情做对。华为在销售项目管理方面的提升也主要集中在这两个方面。

对于如何激发员工的意愿，华为改变了项目管理的机制，重新定义了公司与员工之间的关系，二者由管理和被管理的关系转变为合作关系。

以前员工是被公司雇用的，通过获取订单、达成业绩来为公司创造价值，公司则根据大家的业绩表现对员工进行激励。但是由于公司的绩效评价与激励体系不健全、不合理，员工的工作热情激发不出来，员工与公司之间就会形成对抗和内耗。而管理项目流程这一变革化繁为简，直击问题本质，把订单作为业务管理的最小单元，实现"项目包干制"。LTC 流程中增加的第一个关键决策点，是投资决策。

公司的区域经营单元掌握资源，而一线销售团队要想做项目，就需要得到公司的资源支持，但是公司的资源是有限的，应该支持谁呢?

在这种情况下，一线销售团队就像创业者，带着商业计划书（即项目立项申请），对区域经营单元的市场管理团队宣讲项目的目标是什么、项目有多大的价值、项目能带来多少收益。

这些问题说清楚了，各区域经营单元的市场管理团队会对各个团队的项目进行比较，按照价值与风险对项目进行排序，然后决定给哪些项目投入资源（也就是批准项目立项）。通过这种机制，一线销售团队之间形成一种竞争关系。此外，要想得到资源，一线销售团队就必须把项目的价值与风险等相关信息说清楚。

一旦公司批准了项目立项，相当于订立了一份内部合同，即明确了一线销售团队与公司区域经营单元的责任与权力，包括本项目的利益分配机制。项目成功了就按照原来的约定，一线销售团队与公司区域经营单元共同分享收益；项目失败了也要按照约定接受处罚。

这就是华为"获取分享制"的逻辑。

对于如何给员工赋能，提升其项目运作能力，传统的解决方案销售方法论的逻辑很清晰，有很多工具与模板，但是它的缺点也很明显，就是企业对项目进度的控制能力偏弱。特别是在多个项目共同运作的时候，对于各个项目之间的协同与配合，企业力有不逮，主要依靠项目的主导者——项目经理的个人能力与组织影响力，这不具备普适性。传统的解决方案销售方法比较适合行业市场，项目规模不大，客户需求不复杂，项目参与者不多，这样的项目可以用传统的解决方案销售方法加以解决。

但是华为所在的通信行业的客户专业化程度很高，竞争对手也很强，很多项目的规模也很大，项目参与者较多、构成复杂，在项目销售过程中项目团队成员可能会有多达上百人。

面对这种复杂的项目，传统的解决方案销售方法已经无法进行有效的项目管理，因此华为构建了更强大的项目管理流程，该流程既能满足简单项目的管理需求，也可以应对复杂项目的管理。

销售项目成功的要点是在竞争的市场环境下相较于竞争对手拥有比较优势。为了实现这一点，企业在项目管理上必须关注外部和内部两方面。

在外部，需要关注以下四个关键外部要素（见图 4-1）。

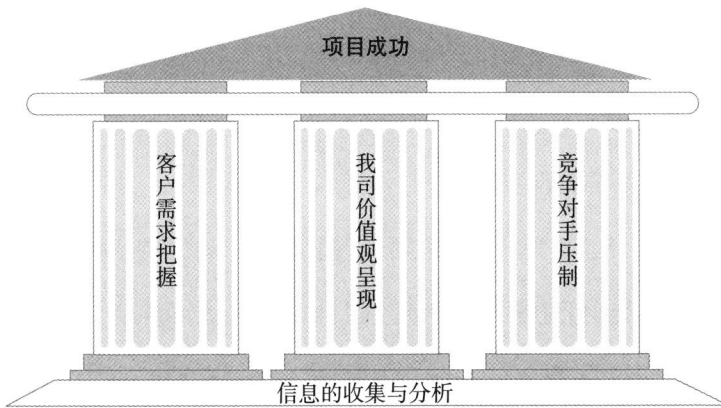

图 4-1　使销售项目成功的关键外部要素

第一，在整个项目过程中，关注项目信息的收集与分析，夯实做决策的基础。第二，分析和管理客户决策链，准确完成客户需求把握。第三，识别竞争对手并锁定主要竞争对手，进行我司价值观呈现。第四，通过全面而有力的客户关系管理和控制客户需求，为客户提供有竞争优势的解决方案，实现竞争对手"压制"。

在内部，要想有效使用企业资源，需要关注两点：第一，要保障选择的项目团队成员适合项目并且有团队协作精神；第二，要有高质量的销售项目管理能力，项目计划要清晰、明确、可实施、可监控，能规避和控制风险。

虽然销售项目的运作要点大多是类似的，但是在复杂度不同的项目中，具体做法又存在差异，因为大项目和小项目的竞争强度不一样，企业也需要考虑价值不同的项目的资源投入产出比。

简单的项目靠能人，复杂的项目靠流程

我们先来看一下应该如何管理简单的项目。

简单项目的管理主要以提升员工的个人能力为主，因为企业无法在简单的项目上投入太多的管理资源。

从 2008 年开始，华为把简单的项目的管理方法（比如针对销售员工总结的"九招制胜"）以及项目过程中要用到的工具与模板（比如痛苦链与痛苦表、九格构想、权力地图等）都纳入员工的任职资格体系能力模型中。员工想申请任职资格升级的时候（比如要升级到任职资格三级），针对上面提到的内容，要自行学习并且在公司的网络学习平台通过考试，之后才具备申请任职资格升级的资格。

华为早期使用的销售项目管理方法是标准的解决方案销售方法，主要为"解决方案销售六步法"，其整体的逻辑如图 4-2 所示。

客户采购流程

| 发展业务策略 确认采取行动 | 决定 需求要件 | 评估 各项选择 | 选定 解决方案 | 解决问题 正式签约 | 执行与 评估成功 |

解决方案销售流程步骤

| 合格 潜在客户 | 合格 经手人 | 合格 权力人士 | 最终决策 | 等候结案 | 成交 |

区域
位于 分派区域

销售流程里程碑验证结果

- 符合行销标准
- 建立初步合约

- 经手人承认痛苦
- 经手人同意进一步探究协商
- 接触权力人士

- 与权力人士接触
- 权力人士承认痛苦
- 权力人士拥有购买愿景
- 评估计划提案

- 评估计划准备方案
- 进行提案前审查
- 要求进行交易
- 提议方案做出决策

进行合约协商

签约

- 将以上共识纳入手致经手人函中
- 双方同意评估计划内容
- 获得口头承诺

工作辅助工具

- 找出潜在经手人

| 九格构想模式 | 九格构想模式 | 步骤完成信函 | 给予获得项目列表 | 成功标准 |
| 建模式 痛苦表 策略性合作 提示 致经手人函 | 建模式 痛苦链 策略性合作 提示 致经手人函 | 过渡期计划 痛苦链 价值验证/分析 成功标准 提案前审查 | 协商工作表 立场 | |

- 关键人士名单
- 业务发展提示
- 参考案例
- 创造焦点评估
- 机会评估
- 竞争策略

管理系统

| 10% | 25% | 50% | 75% | 90% | 100% |

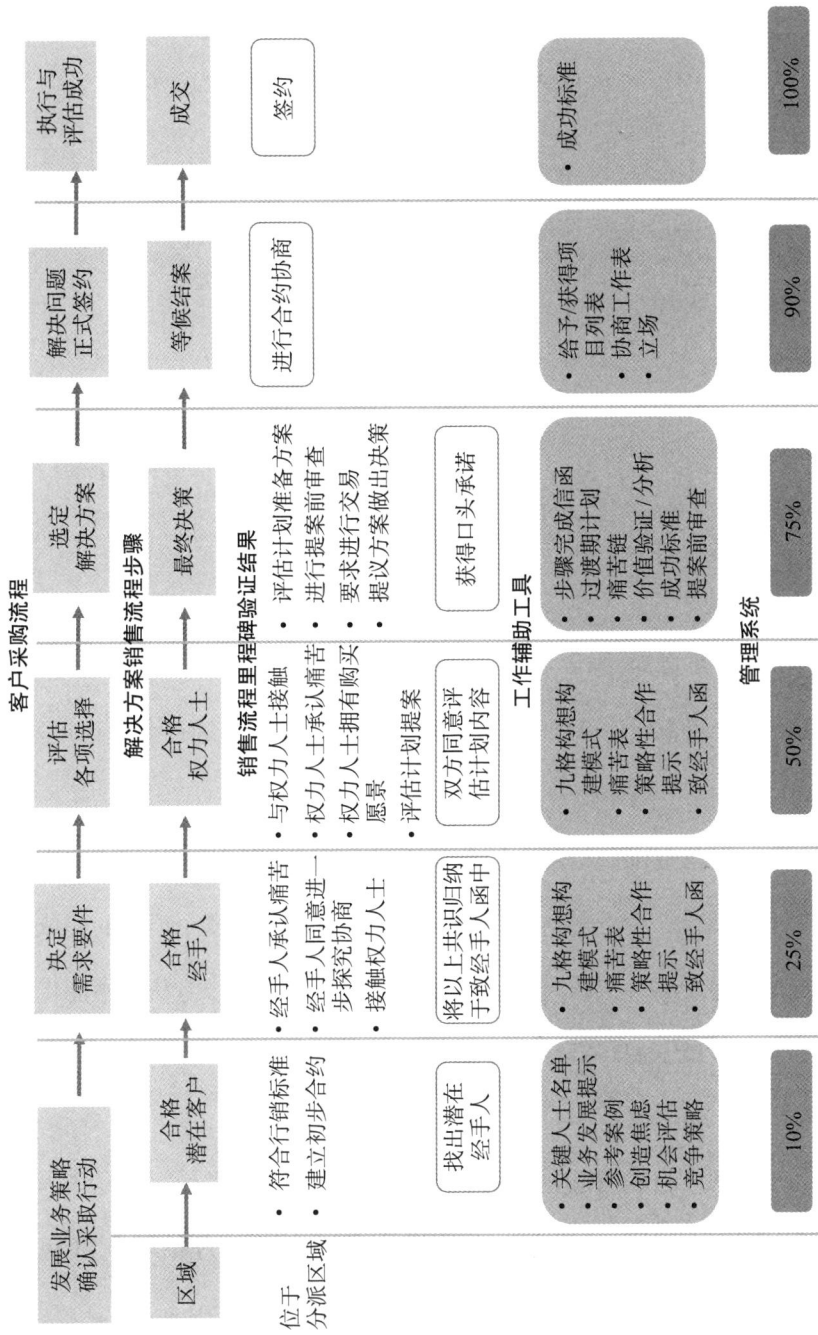

图 4-2 解决方案销售六步法

137

这一销售项目管理方法主要有以下三点值得学习。

第一，项目管理最基本的要求是企业必须理解客户的采购流程，企业进行项目管理的目的就是匹配并且控制客户的采购流程，让项目向有利于企业的方向发展。企业必须端到端地匹配客户采购流程，流程中不能存在项目管理活动覆盖不到的盲区，否则项目的风险往往会在该盲区爆发。

第二，项目管理的基本方法是企业分解一个大的项目目标，结合对客户采购流程的理解，通过设置合理的阶段性里程碑，形成阶段性目标并一步步实现。当目标由大变小，涉的时间周期由长变短时，它就会更容易控制。

第三，确定了阶段性里程碑（分阶段努力实现的目标）后，进一步细化两个里程碑之间的活动，明确这个阶段的关键任务，提供工作辅助工具，帮助任务承接人把任务做对。

该方法也有一些缺点，比如它针对业务逻辑而非具体的行业进行适配，所以在不同行业的业务场景中并不能完全适用。

另外，这一方法在项目管理中的业务质量分析方面作用较小，比如它定义了项目进度的概念，企业触达某个里程碑后，可以知道整个项目的完成情况。这个进度是基于客户的采购流程计算出来的，但是这一方法并不能告知企业到了这一阶段能否赢得订单，即使项目进度已经完成90%，企业仍有可能失去订单。

华为对于简单项目的管理方法原理上和之前讲的过程类似，但是华为基于本行业和企业的特点进行了适配，并且建立了"项目管理袖珍卡"（见图4-3）。

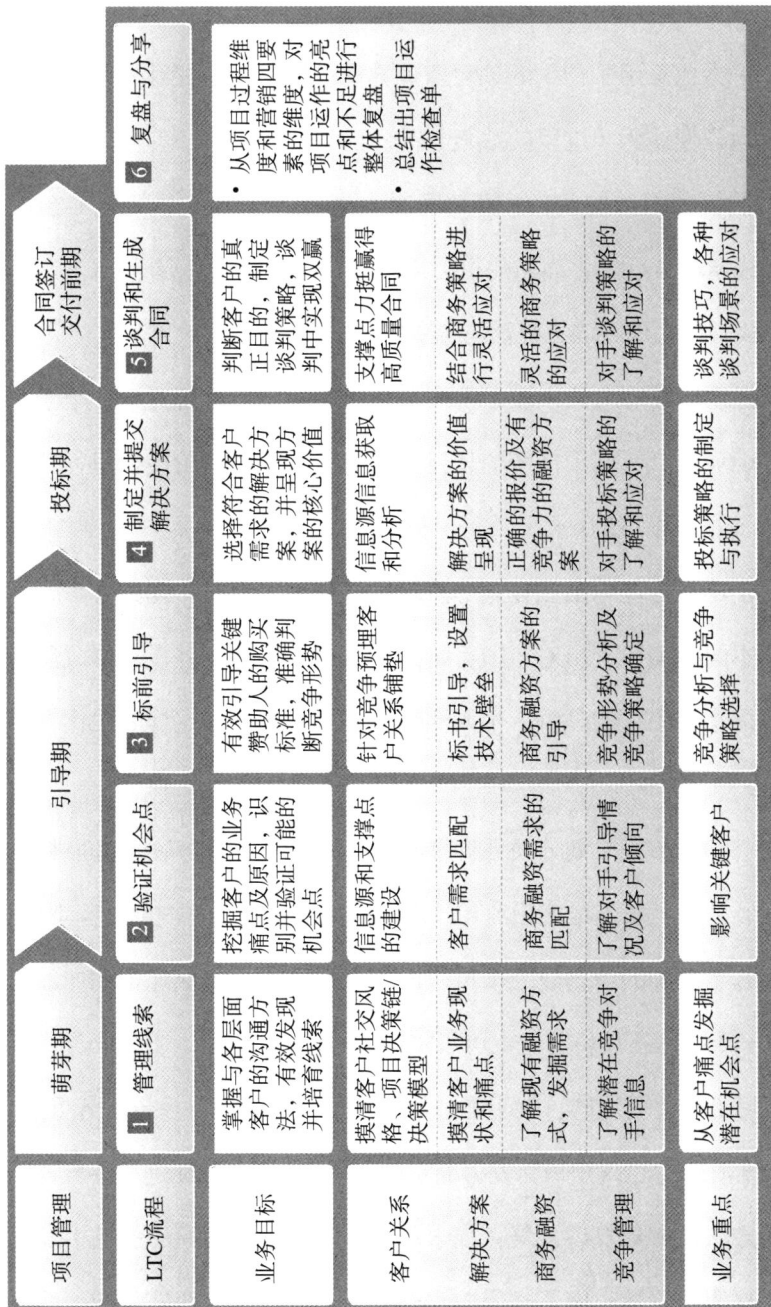

图 4-3 华为销售项目管理袖珍卡

项目管理		引导期			投标期	合同签订交付前期	
LTC流程	萌芽期						
	1 管理线索	2 验证机会点	3 标前引导	4 制定并提交解决方案	5 谈判和生成合同	6 复盘与分享
业务目标	掌握与各层面客户的沟通方法，有效发现并培养着线索	挖掘客户的业务痛点及原因，识别并验证可能的机会点	有效引导关键客户帮助客户的购买标准、准确判断竞争形势	选择符合客户需求的解决方案，并呈现方案的核心价值	判断客户的真正目的、制定谈判策略，谈判中实现双赢	• 从项目过程维度和营销维度，对项目运作进行整体复盘 • 总结出项目运作检查单
客户关系	摸清客户社交风格、项目决策模型	信息源和支撑点的建设	针对竞争预埋客户关系铺垫	信息源信息获取和分析	支撑点力挺赢得高质量合同	
解决方案	摸清客户业务现状和痛点	客户需求匹配	标书引导、设置技术壁垒	解决方案的价值呈现	结合商务策略进行灵活应对	
商务融资	了解现有融资方式，发掘需求	商务融资需求匹配	商务融资方案的引导	正确的报价及有竞争力的融资方案	灵活的商务策略的应对	
竞争管理	了解潜在竞争对手信息	了解对手引导情况及客户倾向	竞争形势分析及竞争策略确定	对手投标策略的了解和应对	对手谈判策略的了解和应对	
业务重点	从客户痛点发掘潜在机会点	影响关键客户	竞争分析与竞争策略选择	投标策略的制定与执行	谈判技巧，各种谈判场景的应对	

139

以对机会点（即客户已经有明确的购买动作，处于显性需求阶段）的项目管理为例，华为也采用了传统的项目管理方法，设置了阶段性里程碑，把一个项目分解为管理线索（这里的线索与前面流程中的线索不完全一致，这里指站在销售的视角看待的线索，严格意义上来说，这应该指商机，当然，其中也包含经线索培育后转化而来的机会点）、验证机会点、标前引导、制作并提交标书、谈判和生成合同、复盘与分享六个阶段。

这一过程把项目管理分成六步，把一个长周期的项目分解为一个个子阶段，分阶段实现项目。不同于传统的项目管理方法，华为的阶段性里程碑是严格按照 LTC 流程来设置的。

以前华为在项目管理中虽然也划分阶段性里程碑，但是不同的客户、不同的项目甚至不同的销售人员对于项目阶段性里程碑的划分并没有形成严格的标准，更多是基于个人的理解、个人的经验来进行划分，这样的工作方式不是标准化的。

那严格按照 LTC 流程来划分项目阶段性里程碑有什么好处呢？前面讲过，流程是基于三个"对准"（对准客户流程、对准业务痛点、对准内部流程集成）建立起来的，基于流程的逻辑建立项目阶段性里程碑，可以保障企业内部对项目的理解是一致的，在项目管理上可以实现标准化。

定义了项目阶段性里程碑，就明确了每个子阶段的业务目标与业务重点。比如在管理线索阶段（也就是销售发掘商机的阶段），业务目标是掌握与各层面客户的沟通方法，有效发现并培育线索；业务重点是从客户的痛点中发掘潜在机会点。其他子阶段也做了类似的明确定义。这么做的好处是把一件复杂的事情分解得相对简单、容易理解，有效牵引大家达成。

明确了业务目标与业务重点，就进一步明确了每个阶段的关键竞争要素，如客户关系、解决方案、商务融资、竞争管理等在各个子阶段应该发挥的价值。比如客户关系在管理线索阶段的目标是摸清客户的社交风格、项目决策链/决策模型。

通过这样的项目管理方法，企业层层推进项目，使工作逐层展开，这个项目的运作要求就变得非常清晰易懂。

为了让每个项目的参与者都能够把自己的事情做正确，华为针对项目管理袖珍卡又整合出了全套工具包（见图4-4），对每个项目角色在各个阶段可能会使用的工具进行了全面的梳理。

学习并掌握这些工具有助于我们把工作做得更好、质量更高。这些工具中的大部分是建议使用而非强制使用的。

即使在大项目中，强制使用的工具也只有寥寥几个，比如在验证机会点流程，客户关系中要使用权力地图；在标前引导流程，解决方案中要使用价值主张。这几个工具是强制要用的，如果缺失，企业就会判定项目质量存在缺陷（关键输出件缺失）。

对于上述工具，华为曾要求每个销售人员打印出来，贴在自己工位前，每天都对着看，强化对项目管理的认知。

项目管理	萌芽期		引导期		投标期	合同签订交付前期
LTC流程	① 管理线索	② 验证机会点	③ 标前引导	④ 制定并提交解决方案		⑤ 谈判和生成合同
业务目标	掌握与各层面客户的沟通方法,有效发现并培育线索	挖掘客户的业务痛点及原因,识别并验证可能的机会点	有效引导关键赞助人的购买标准,准确判断竞争形势	选择符合各客户需求的解决方案,并呈现方案的核心价值		判断客户的真正目的,制定谈判策略,谈判中实现双赢
客户关系	组织结构图	权力地图单项目客户关系规划	客户社交风格如何与CXO对话	客户关系拓展卡片		谈判五步法谈判策略分析
解决方案	痛苦链痛苦表看网讲网战略沙盘	网络咨询客户战略对标	价值主张	总体方案评审报告XX产品一指禅		如何成为谈判高手风险评估报告(RAT)分析评估
商务融资	商业解决方案BP	销售融资高访运作	融资建议书	融资协议		
竞争管理	竞争态势矩阵雷达图	线索评估表PPVVC机会点评估	竞争策略选择参考	XX产品友商对比分析		
评审和决策		ATI立项报告		ATB申请		ATC申请

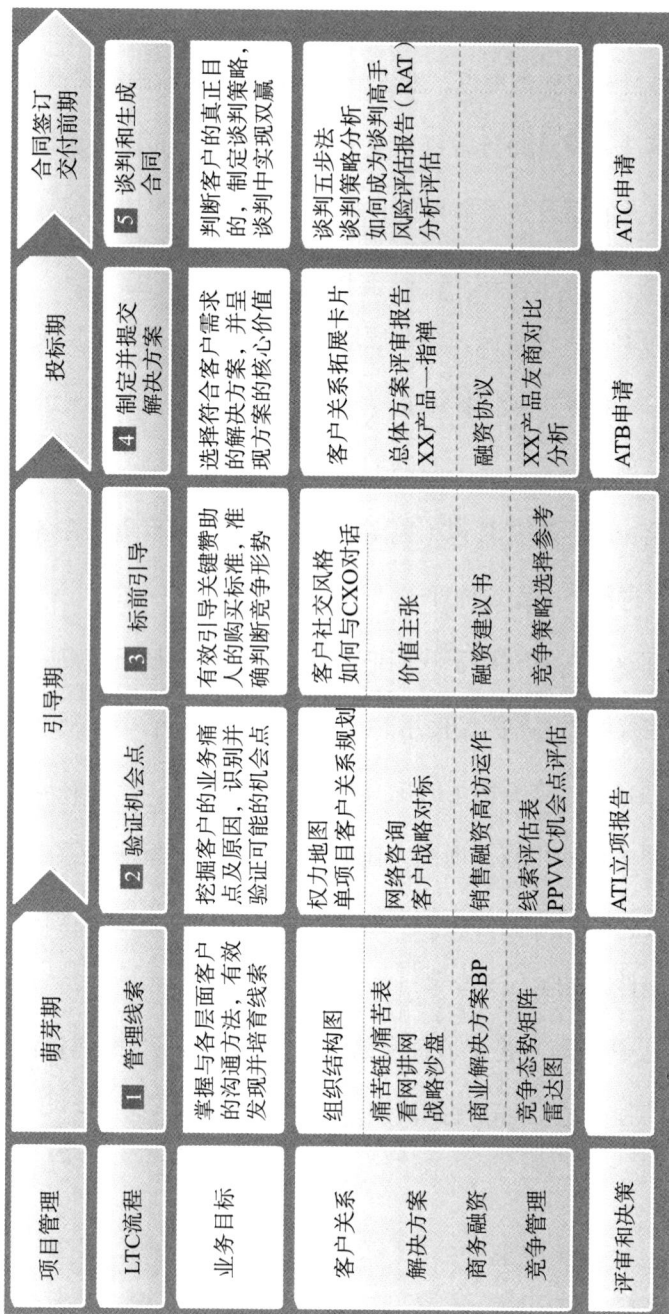

图 4-4 华为销售项目管理工具包

管理项目流程下的三级流程：项目策划

但是企业应该如何管理复杂项目？管理复杂项目的关键在于协同配合，企业需要以流程为管理手段实现这一点，管理项目流程（见图4-5）包含三个三级流程，即项目策划、项目监控、项目关闭。

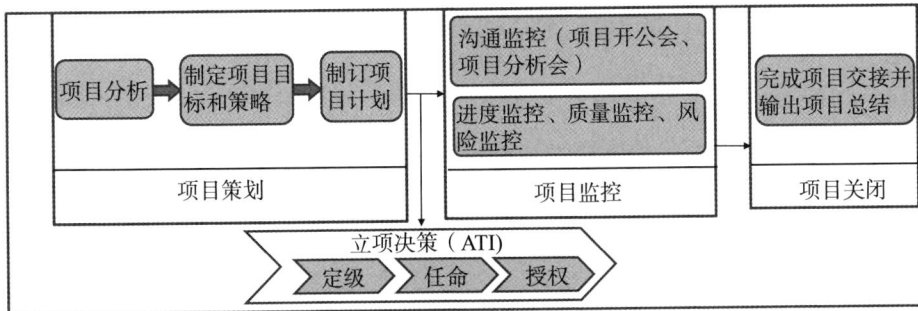

图4-5　管理项目流程

在这三个流程中，项目策划流程是重中之重，会耗费整个项目管理30%~40%的资源。企业的一线销售主管作为客户界面的第一责任人，要保证项目能达成两次胜利，一次是在地图上推演的胜利，一次是在现实中的胜利，做到不打无准备之仗。

失败的准备就是准备失败，只有精心准备的项目才有资格申请资源。完整的项目策划包括10个部分，下面逐一进行说明。

1. 知己知彼，百战百胜

信息是科学决策的基础，没有信息支撑的决策就是拍脑袋做出的决策。每个项目在需要决策的时候，支撑决策的信息都是不完全充分的，但是谁的信息更充分，谁做出正确决策的可能性就更高。因此企业应构建信息情报网络。

要构建信息情报网络，企业平时的工作就要做扎实。为了能识别项目的价值与风险并管理项目的质量，企业要尽可能充分地收集与项目质量相关的各种信息，并且在整个项目运作期间要能及时刷新这些信息。

为了做到这一点，在项目运作期间，企业应有两个以上稳定的信息源来收集关键的项目信息。

企业要收集项目信息，需要核心明确三件事。

一是明确要收集哪些项目信息。

包括客户项目建设背景、客户现有的业务问题、客户决策链相关部门职能和关键人员信息、客户项目组人员名单、决策链关键客户信息、竞争对手动态等。

二是明确通过哪些途径收集。

项目信息的收集途径要由近及远，并且围绕以下两步展开。

第一步，通过客户侧相关部门的支撑者来收集，客户的采购部门与规划部门是需要重点关注的部门。比如华为一直特别关注普遍客户关系的建立与维护，在客户关系管理中发展"线人"，这是项目中最主要的信息获取途径。

第二步，利用合作伙伴、代理商的资源，把这些资源整合到项目里为己所用。在通信、电力、水利等行业，设计院与第三方专家也是非常重要的资源，平时要派人跟进维护，建立良好的关系。

大项目中经常会涉及这两步中的节点，平时企业可以通过这些节点获取项目信息，在项目运作期间，这些节点也可以帮企业运作项目，比如共同作用于影响、管理客户的需求。另外，对政府、竞争对手的动态跟踪也能帮企业获取有用的项目信息。

三是明确这些项目信息有什么用。

这些项目信息用处非常多，比如可以帮企业进行信息的交叉验证，判定信息与项目的真伪，正确评估项目的价值与风险，判定项目运作期间关键人员的真实态度，等等。

2. 建立质量目标，做工程商人

项目目标是销售团队项目绩效的评价依据。企业建立 LTC 流程的目的是化繁为简，把项目作为业务管理的最小单元，即企业要把对员工的价值评价细化到项目层面。大部分企业以有没有签单作为项目评价依据，但华为对于项目的评价方式相对比较复杂。

华为会通过山头目标、份额目标、竞争目标、盈利目标等多个维度的目标来进行项目的定级与评价，牵引销售团队用订单实现公司的战略意图。在每个定级维度之下，华为还通过三个指标实现更精细的项目评价（见图4-6）。

（1）合同财务指标

通过收入、成本、利润、现金流、资金占用情况等评估合同的资金回报率。

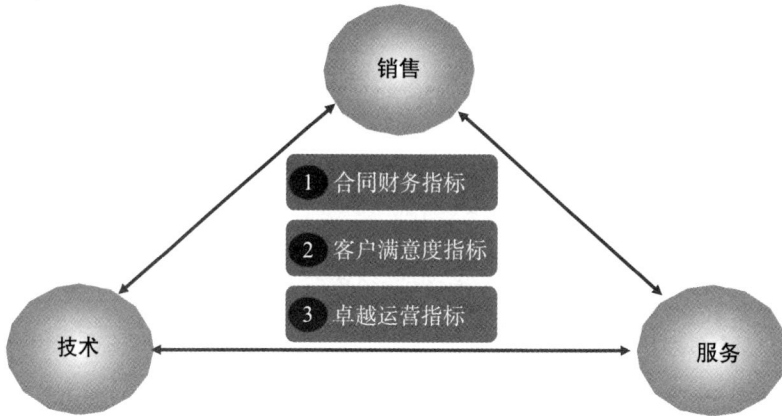

图 4-6　销售项目的三个评价指标

（2）客户满意度指标

大项目 100% 回访，小项目通过抽样每 10 个项目回访 1 个，华为以此来了解客户对企业提供的服务的满意度，发现并改进问题，以建立客户的忠诚度。

（3）卓越运营指标

以时间、预算、质量方面的偏差来评价项目的价值。

企业通过精细化的目标来牵引，把销售团队从以往基于竞争的粗放式项目管理转变为基于经营的精细化项目管理，让销售团队认识到应成为并且真正成为合格的工程商人。

3. 营销四要素的协同

项目策略是企业综合实力的体现，制定项目策略的目的是通过整合及合理地使用项目资源，形成与竞争对手的比较优势，从而帮助企业获得项目。

项目资源主要体现为营销四要素（见图 4-7）。

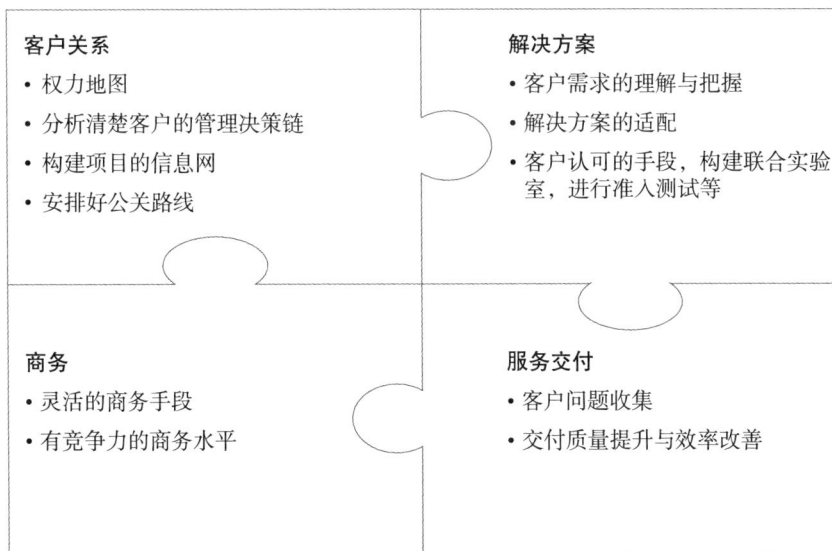

客户关系	解决方案
· 权力地图	· 客户需求的理解与把握
· 分析清楚客户的管理决策链	· 解决方案的适配
· 构建项目的信息网	· 客户认可的手段，构建联合实验室，进行准入测试等
· 安排好公关路线	
商务	服务交付
· 灵活的商务手段	· 客户问题收集
· 有竞争力的商务水平	· 交付质量提升与效率改善

图 4-7　营销四要素

（1）客户关系

华为有一套完整的客户关系管理流程，我在《客户第一：华为客户关系管理法》一书中对此进行了专门介绍，大家可以翻阅。在项目里面，客户关系这一要素调用的是客户关系流程中的业务活动。

所谓"养兵千日，用兵一时"，企业平时在客户关系方面投入了大量的资源与精力，就是为了在项目中发挥作用。在项目策划流程中，作为项目负责人的项目经理会使用客户关系流程中的一个工具——权力地图。

权力地图（见图 4-8）是一个非常好用的工具，它既可以在客户关系流程中的客户关系规划阶段使用，也可以在项目管理流程中的项目策划流程使用。

图中的文字内容（权力地图）：

笔记本业务

我司客户关系责任人
（带首字母的圆圈）

ST-斯克特·泰勒
AH-安卓·哈克特
JS-约翰·史密斯
JM-吉姆·麦登
RW-罗斯·威廉姆斯

● 图中的客户关系责任人皆为化名

图例说明：

○ 我司-右上角圆（不同颜色）
● 竞争对手-右下角圆（黑色）
● 教练
★ 关键决策者

关系强度

没有圆圈 = 未知
+3 强烈的排他性支持
+2 良好的业务联系
+1 微弱支持

0 中立
−1 微弱反对
−2 不支持
−3 强烈反对

关系覆盖网络

我司
竞争对手
其他关键方

图中人物：

克雷·琼斯 CEO (+1)

劳伦斯·艾瑞克 副总裁&CFO (0)

盖瑞·萨迪克 总法律顾问 (AH)

青特·史雷特 业务总裁助理 (−2)

罗斯·多纳利 生产运维主管 (+1)

玛莎·舒特 财务副总裁 (+2)(−2)

斯克特·泰勒 ★

竞争对手

JS

(+3)

玛丽格特·托马斯 战略发展副总裁 (ST)

理查德·柯齐保尔 人力资源副总裁 (+2)

巴里·阿泽格 公司运营副总裁 (JM)(0)

罗伯特·齐萨诺 商业运营部总裁

派克·艾伦 商业运营部副总裁

马克·哈里斯 全球副总裁 (+3)

乔治·丘吉尔 政府关系执行副总裁

里克·桑卓姆 客户发展部主管 (RW)(−3)

SAP

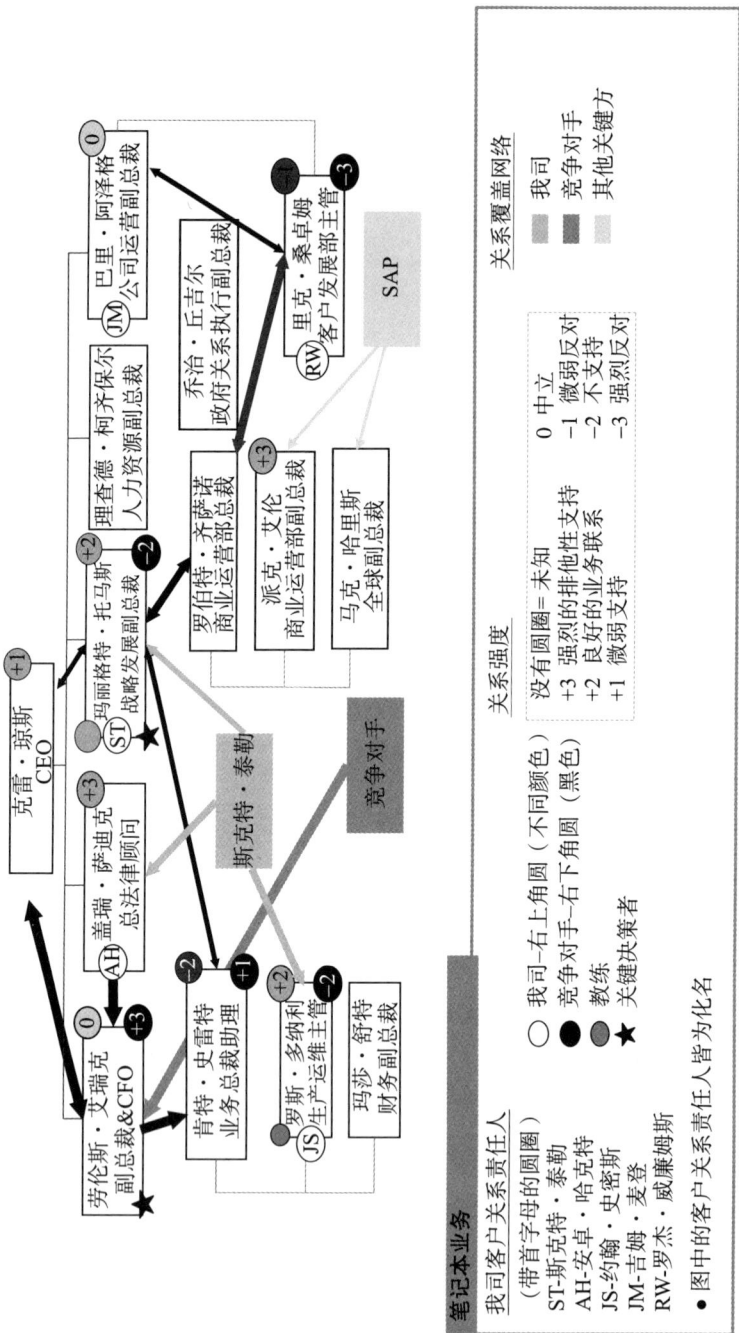

图 4-8　客户关系规划工具：权力地图

项目经理使用它对维护客户关系这一工作任务进行分解，完成单项目客户关系规划表，表中包括客户关系现在评估、客户关系目标设定、客户关系公关计划等信息。

单项目客户关系规划的主要任务是做好三件事。

一是分析清楚客户的管理决策链。不管建立客户关系还是争取项目，是大项目还是小项目，很重要的一步就是找出项目的管理决策链，简而言之就是画出项目的流程图，同时标出每个流程节点的相关执行人员或负责人员。

二是构建项目的信息网，依托在客户方不同层级的关系，合理合规地收集各种信息，以实现信息对称。

三是安排好公关路线，结合项目的进度把控公关节奏，让合适的人在合适的时间对目标对象进行公关。原则上管理决策链中的所有人都要见，要让反对我们的人保持中立，让中立的人支持我们，让支持我们的人发挥积极的作用。

客户关系在项目立项流程中有一票否决权，项目经理如果说不清楚这三件事情，原则上企业是不允许项目立项的。

（2）解决方案

以客户关系作为桥梁，解决方案就有了用武之地。企业制定解决方案的目的是通过对客户需求的梳理、引导、控制来实现差异化的解决方案销售。客户作为企业，随时随地都在产生各种需求，而错误的需求管理方式是试图满足客户提出的每一个需求。

那正确的需求管理方式是什么样的?

没有一个企业能够满足客户的所有需求，因为客户的需求来自其不同组织，这些需求本身可能就存在矛盾。比如采购部门想要便宜的产品，而市场部门想要最好的产品，哪有产品又好又便宜？企业应该把客户的需求分为两种——客户想要的和客户需要的。

比如客户同样向企业提了 10 个需求，但是企业的项目组经过认真分析以及对客户的拜访交流，充分了解了客户决策链上各个决策者的想法，发现这10 个需求中有 5 个是客户真正想要的，对客户有重大的价值。企业可以通过引导、控制客户的需求，把这 5 个有重大价值的需求引导为项目需求，将竞争对手解决 10 个需求所消耗的资源，集中于解决客户的 5 个有重大价值的需求。这样虽然满足的客户需求数量比竞争对手少，但是客户满意度反而更高，因为客户更能感知企业的价值。

高质量的客户需求管理与企业的客户关系能力密切相关，客户需求管理的要点在于企业对客户组织覆盖的宽度，以及与客户高层对话的能力（见图4-9）。

客户需求管理考验了企业的普遍客户关系能力，企业要尽可能覆盖与项目相关的所有客户部门，这样才能全面了解客户的业务需求。此外，它还考验了企业的关键客户关系能力，企业必须要有分层、分级与客户对话的能力，这样才能深入发掘客户的痛点需求，规划并设计出有别于竞争对手的解决方案。

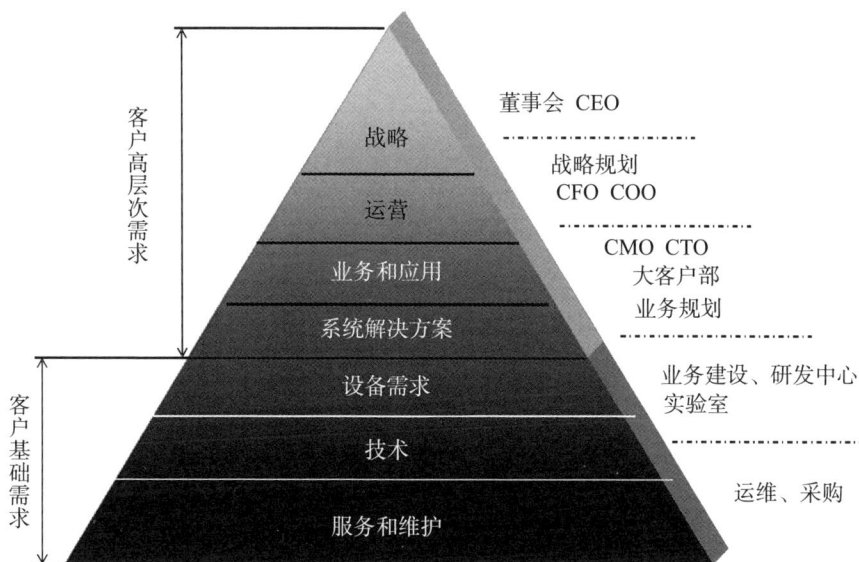

图 4-9　客户需求分层图

如果企业只有与客户中基层对话的能力，客户关系没有构建到高层，那么企业就无法真正理解客户高层的意图。客户中基层提出的往往都是一些基础的需求，而客户高层的需求通过中基层传递的时候，有可能出现信息失真，如果客户中基层没有真正理解高层的需求，他们传递给企业的往往是错误的需求。

客户需求的梳理是由客户界面的每个员工共同完成的，包括销售、技术、服务等多个岗位的员工，因此企业要对收集到的需求进行整合和排序，把需求分为痛点需求、普通需求、陷阱需求、隐性需求等。

通过对客户需求进行过滤、分级，企业可以准确把握客户需求的主要矛盾，把资源与精力聚焦在客户的痛点需求上，从项目源头把握解决方案的竞争力。其中，痛点需求是客户需求的本质，有效满足客户的痛点需求是企业的投标策略和总体解决方案的主纲。

（3）商务

服务于主业务部门的商务部门（含财经与法务部门）要改变被动响应的工作方式，主动参与主业务并加强对主业务的了解，在项目中发挥本组织的专业价值。比如，根据一线在业务中收集的市场信息进行周边市场投标价格变化分析、竞争对手在本区域市场各项目中的历史投标价格分析，帮助销售团队解读客户财务报表并分析客户的投资计划，分析项目中的法律条款或贸易风险，分析项目的融资或付款风险，分析商业计划、商务评标等，这些都能帮助主业务部门管理、控制业务风险。

除此之外，商务部门还可以通过银行或建立信保关系，为客户提供融资方案，使销售团队拥有更多的项目拓展手段，让解决方案更具差异性。

（4）服务交付

服务交付是华为的市场核心竞争力之一，在早期市场中，华为就以服务响应快、服务态度好著称。华为希望通过提升客户的服务感知度，增强客户黏性，也希望服务团队与销售团队紧密配合，成为销售团队的强力臂助。

在某个市场要启动一个大项目前，销售团队会要求服务团队提前做一些工作来营造对企业有利的市场氛围。比如了解客户的设备使用情况，提前调查客户使用企业设备后出现的问题；安排人员专项解决在调查中发现的问题，并向客户各层级领导通报问题解决情况，提升组织美誉度；主动发起产品技术服务巡检，把客户购买使用的没出现问题的设备也主动检查一遍，并把检查结果通报给客户；主动收集竞争对手的产品在客户侧发生的问题，例如设备有故障、服务不及时等，把这些问题作为未来的项目中本企业的比较优势。

与此同时，在销售项目立项以后，服务团队会派服务代表加入销售项目组，服务代表作为服务部门的接口人承接销售团队下发的工作任务，比如提前准备分包、外部协作资源，并准备培训方案，提前培训外部协作人员，以便他们能够承接后续合同在交付阶段的工作。

4. 竞争对手的锁定

整合营销四要素的目的是打败竞争对手，那么，如何提前锁定竞争对手呢？很多人对于"竞争对手"这一概念的理解比较模糊，认为和企业争夺订单的都是企业的竞争对手，这种认识是错误的。在任何项目中，企业都会遇到很多其他企业来争夺订单，如果把它们都视为竞争对手，那就很难组织资源进行有针对性的竞争。

华为有一套系统的竞争对手管理流程，在三个层面对竞争对手进行了划分：公司层面、区域层面、项目层面。

（1）公司层面

阻碍公司实现战略目标的企业就是公司层面定义的竞争对手。针对这类企业，公司会从战略、市场、研发等层面分解战略重点，由各个体系设置专门的组织负责落地举措。比如在市场体系中，重大项目部负责竞争对手专项管理，绘制竞争对手管理沙盘并管理公司所有的竞争类项目，其关注的竞争要素及分析工具如图4-10所示。

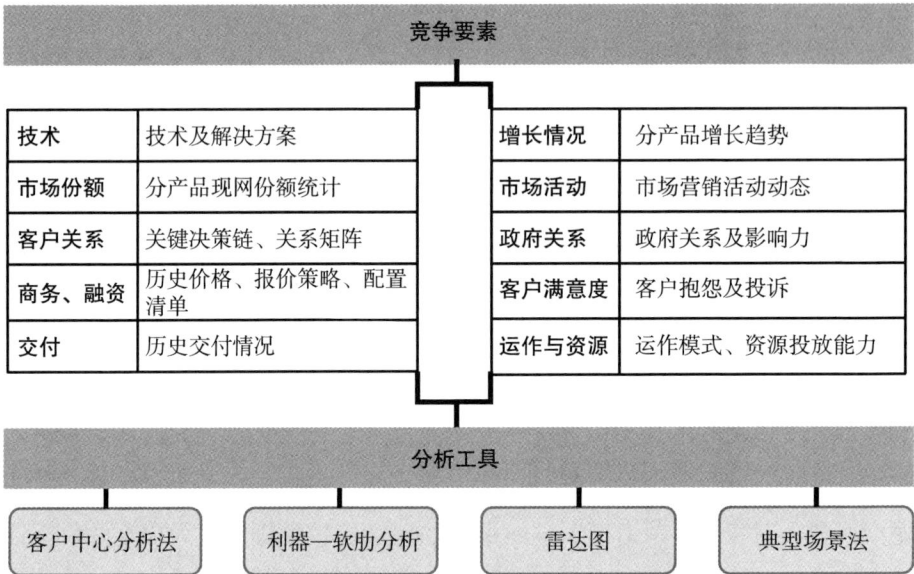

图4-10　竞争要素及分析工具

（2）区域层面

针对某个具体区域，如果公司锁定的竞争对手在本区域市场不存在，但是有一些企业在本区域市场对公司的威胁很大，会妨碍公司区域市场目标的实现，那么公司会在销售管理部（华为设立的区域市场销售管理平台）的组织下，进行区域市场竞争对手专项管理。

区域层面竞争对手专项管理的整个过程大概分为如下六步（见图4-11）。

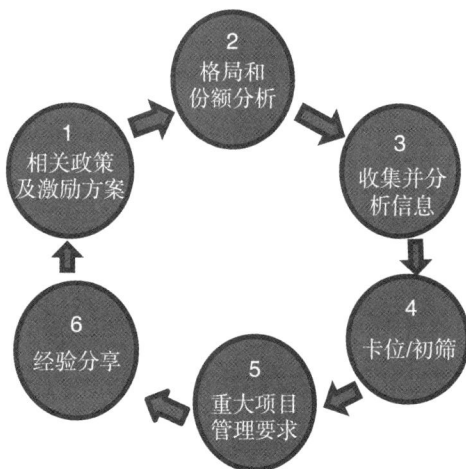

图 4-11　区域层面竞争对手专项管理

第一步，初步制定本区域市场的竞争对手管理目标，建立相关政策及激励方案，明确考核评价原则（以结果为导向），以激发组织意愿。

第二步，进行市场格局和份额分析，明确当前的竞争态势，锁定主要竞争对手，看清主要争夺的项目和竞争焦点。

第三步，持续收集并分析主要竞争对手的信息，包括但不限于竞争对手的市场动态、经营情况、策略打法、内部管理情况等信息。

第四步，建立竞争对手管理沙盘，分析敌我双方的优劣势，寻找并建立市场端的战略控制点，利用客户关系卡位、产品比拼测试等方式，把最弱的竞争对手先筛选出去，简化竞争格局。这也能预防有竞争威胁的企业突然闯入。

第五步，对于威胁较大的主要竞争对手，严格按照重大项目管理要求建立作战地图，做到项目策划思路清晰（包括项目里程碑的制定与项目任务的分解）、计划执行准确到位、项目风险全程管控得当、项目资源协调顺畅，让企业无后顾之忧。

第六步，项目结束后，进行项目总结与经验分享，输出高质量的案例、策略、打法分析，吸收竞争对手的管理方法，实现优秀经验的复制与传递，从而形成一种正向循环。

（3）项目层面

项目层面的竞争对手管理是企业需要重点关注的一环，因为公司层面与区域层面的竞争对手管理最终也要体现在具体项目上。在项目层面，企业首先要锁定竞争对手，确定竞争对手对企业的威胁主要体现在哪些方面。

初步锁定竞争对手时可以使用前面介绍过的雷达图这一工具，先锁定两个竞争对手，把分析的范围收窄，这样企业就可以进一步深入分析竞争对手，以便制定更具针对性的差异化竞争策略。

企业可以使用竞争对手分析矩阵这个工具（见表 4-1）。

竞争对手分析矩阵可以进一步分解雷达图中的客户项目决策要素，使其颗粒度更小。权重代表"客户选择的倾向性"，也就是需求的强度。企业与两个主要竞争对手在各个需求点上的表现通过分数体现，总分代表各个企业的竞争力。这样分析竞争对手，有助于企业按照不同维度把客户的需求归类，从而结构化、系统性地对比自己与竞争对手的力量，为制定竞争策略提供重要输入。

表 4-1 以客户为中心的竞争对手分析矩阵

竞争对手	品牌		客户关系			产品	商务			服务交付				合计
	品牌认可度	样板点	组织客户关系	关键客户关系	普遍客户关系	系统解决方案能力	融资方案	付款方式	价格	交货期	交货质量	服务网点	配件库	
														对比维度
权重	9	5	9	7	3	20	4	3	8	15	10	5	2	100
我司														
竞争对手1														
竞争对手2														

5. 建立价值主张

企业要理解、引导、控制客户的需求，但客户需求并不等于客户的项目需求。

在项目运作期间，企业通过客户的不同部门、不同层级，全方位收集客户的需求，然后对需求进行整合分析。分析需求能够为客户创造价值，有助于企业把痛点需求与一般需求区分开，从而对需求进行排序。此外，针对每个需求，企业都需要问自己一个问题：对于满足这个需求，客户是会选择我们还是我们的主要竞争对手？与主要竞争对手相比，企业并非在满足客户每一个需求的能力方面都有优势，比如企业的产品技术领先，但主要竞争对手的商务价格则更有优势。

如果企业发现客户有 20 个需求，可是客户的预算是有限的，只能负担解决 10 个需求的资金，这时企业进行需求管理的目标就是把客户需求向有利于企业自身的方向引导。假如客户最终确定的 10 个项目需求中有 7 个项目需求是企业更有优势、更能满足的，那在项目的竞争中企业就居于领先地位了。

企业要按照前面雷达图中的项目决策要素，对引导后已经收敛为项目需求的客户需求进行分类（比如客户关系、解决方案、商务、服务交付、品牌等），对每个项目决策要素再进行细分（比如客户关系这一项目决策要素可以被分为普遍客户关系、关键客户关系、组织客户关系；服务交付又细分为交货期、交货质量、服务网点、配件库等）。

从这些更具体的客户项目决策要素中，找到企业最有优势、对客户最有价值的需求，将其作为企业的控标点。

企业把客户需求按照对客户的业务价值和与竞争对手的差异性这两个维度进行定义，形成一个控标点选择矩阵（见图 4-12），每个维度都定义为 1~10 分，项目关键控标点有三个。

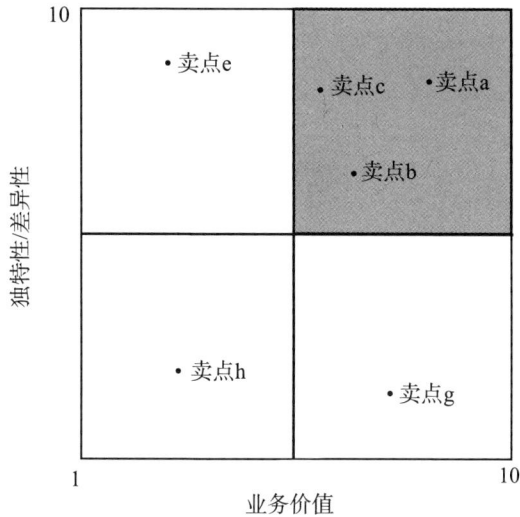

图 4-12　控标点选择矩阵

第一，选定的项目需求对客户有很大的业务价值，价值评分要在 5 分以上。

第二，在满足这个需求方面，企业与竞争对手相比有显著的差异性。仅仅客户需求有价值是不够的，如果竞争对手也能很好地满足客户的需求，企业与竞争对手就没办法形成差异。同时满足以上这两个条件的客户需求才能成为控标需求。

第三，进一步筛选可成为控标点的需求，在每个项目决策要素维度（比如客户关系、解决方案、商务、服务交付、品牌等）保留 1~2 个具体的控标点（原则上控标点不允许超过 3 个），作为项目的核心差异点，也就是价值点，传递给客户。

在项目的价值点传递过程中，有"少就是多"的说法，项目的资源是有限的，如果传递的价值点太多，资源就会分散，因此很难给客户留下深刻的印象。

价值点的传递越精准，就越能影响客户。为了强化这一点，华为曾经要求一线员工苦练"客户拜访电梯 30 秒"，练习在电梯里遇到客户时在 30 秒内讲清楚项目的关键点，引起客户的兴趣。

但是在实际业务中，这种 30 秒极限拜访客户的情况是很少的，华为要求大家做这种练习，目的是倒逼员工在 30 秒内抓住项目的核心差异点并打动客户。30 秒的时间肯定不足以讲完多个价值点，只能讲 1~2 个。

华为让员工在项目中做这些事情，也是为了在管理机会点流程中，在标前引导阶段实现高质量的"价值主张"这个业务质量要求（见图 4-13）。

具体而言，企业应推动基于"价值"的销售而非基于"价格"的销售，关注客户的行业、业务以及工作场景，深刻理解客户面临的内外部问题及挑战，评估项目在战略、品牌、业务、服务、技术、价格等方面能够为客户创造的价值，并基于客户的项目偏好对这些方面的价值进行排序，再根据竞争对手的优劣势与自身进行对比分析，制定差异化营销方案，针对客户实现顾问式销售，这一过程就是在满足"价值主张"这一要求。

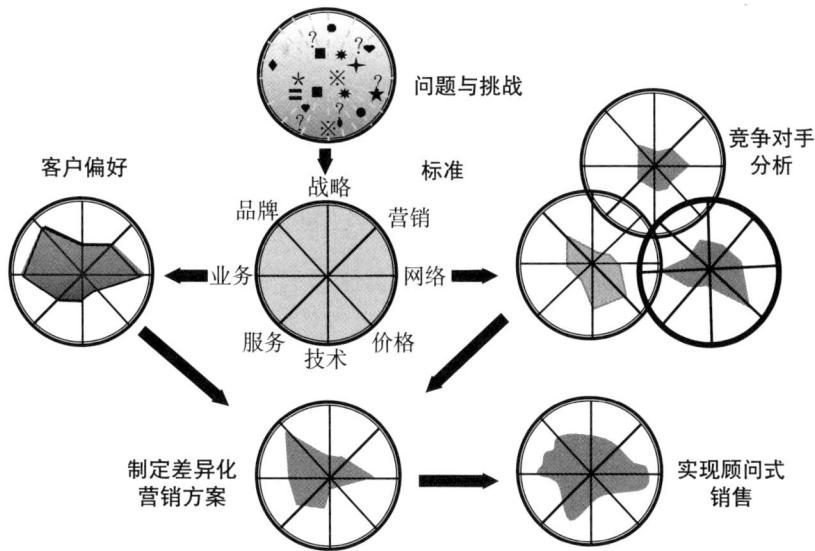

图 4-13 "价值主张"过程图

概而言之，"价值主张"是把自身优势变成客户选择的过程，也是对客户需求进行管理和引导的过程，以此把客户想要的提炼为客户真正需要的。只有了解客户需求，同时深入分析竞争对手的优劣势，企业才能实现"价值主张"。

6. 确定项目策略

企业制定项目策略，是为了灵活运用项目资源，帮助企业获取订单。项目策略的关键点在于协同，企业可以基于客户关系、解决方案、商务、服务交付、竞争等多个维度来规划、设计项目策略，也可以综合考量这些维度。

在不同项目中具体的策略不同，而不同的策略消耗的企业资源也不同。企业可以采用扬长避短的策略，充分利用自己的优势。比如有一个行业的龙头企业想进入轨道交通这个细分市场，但是遇到了轨道交通市场原有竞争对手的强力阻拦。当时该龙头企业想参与杭州轨道交通项目，但是拿到标书后发现，标书中有一个资质要求：做过轨道交通项目的厂家才有参与项目投标的资格。

那客户的这个要求合不合理呢？站在客户的角度来看也是合理的，因为轨道交通关系到乘客的生命财产安全，对于没有做过轨道交通项目的企业，客户不放心。这个龙头企业吃了个闷亏，可是也不想轻易放弃轨道交通这么大的细分市场，后来经过市场盘点，该龙头企业发现竞争对手在一个中小城市力量薄弱，就集中力量在这个中小城市取得了市场突破。

轨道交通市场的价值市场集中在一线城市或准一线城市，所以该龙头企业摩拳擦掌，回到杭州准备参加轨道交通项目第二期的招标，心想这次可以好好和竞争对手较量一番了。可是拿到轨道交通项目第二期的标书后又发现，标书发生了一些细微的变化——做过两个以上的轨道交通项目的企业才能参与投标。

也就是说，这个龙头企业在同一个地方被竞争对手战胜了两次，这就是轨道交通行业原有的市场管理者利用自己的主场优势阻拦强力竞争者的一个很好的例子。除此之外，企业也可以打"组合拳"。比如竞争对手有一款产品技术特别领先，但是它的产品系列不如我们丰富，那我们在项目中就可以引导客户选择多产品组合销售，在商务报价的时候进行报价转移，把成本转移到其他产品上面。

在竞争对手优势产品的报价上，企业可以用超低价甚至项目赠送抵消对手的产品技术优势，但是在项目策划中，企业最核心的任务是把握客户真实的项目意图。如果企业不是真正了解项目的背景以及客户真实的项目意图，仅基于标书这一表象制定项目策略，不可能做出有效的、与客户达成双赢的项目策略。

还要强调一点，项目策略是针对主要竞争对手做出的，但是在项目运作过程中，企业如果发现竞争对手锁定错误，"黑马"才是自己最主要的威胁，那么就要针对锁定的"黑马"，重新制定项目策略。

7. 如何科学分解项目计划

企业要通过具体的项目活动让项目策略落地，并且通过项目计划进行统筹管理，因此需要按照项目目标、策略目标、具体计划目标的逻辑，导出项目的关键任务（见图 4-14）。

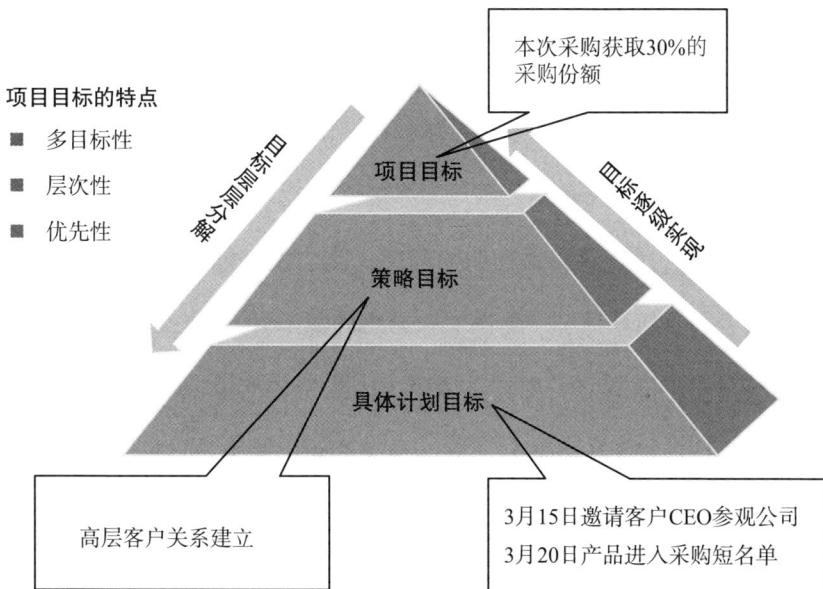

图 4-14　项目目标、策略目标、具体计划目标的逻辑

处于最顶层的是项目目标，它包含合同财务、客户满意度、卓越运营这三个指标。比如公司要求本次项目获得 30% 的采购份额，这个目标将由项目组（在这个阶段，项目组还未正式成立）共同承接，项目经理是第一责任人。

项目目标之下是策略目标，也就是前面讲过的控标点，这个目标将由项目组中的各专业组组长作为主责人（项目组的组织架构在后面还会介绍）。项目经理负责对主责人的工作质量进行监控与评价。

策略目标要分解为更具体的工作任务，由项目组成员来承接。

在将策略目标分解为更具体的工作任务时有两个关键：第一，任务分解要满足 5W2H 原则 [⊖]，任务安排要清晰明确；第二，任务要分解到有且只有一个主责人，无法再进行分解为止。

8. 任务大厦：建立项目分解的任务集

把销售项目标准化一直是一项极具挑战的管理难题，因为每个项目都是不一样的，企业好像很难用一种标准的方法完成各种不同项目，因此大部分企业依赖销售能人，要凭借这些人的个人经验与能力掌控项目。

企业能做的，是在项目管理层面为员工提供基础的工具或模板（比如痛苦链与痛苦表、九格构想、雷达图、权力地图等），帮助员工把一件事情做正确。但是这种管理方式对华为并不适用，因为华为的销售组织很庞大，人员又不断流动（包括员工的入职与离职、员工的轮岗等），如果把销售能力建立

⊖ 5W2H 是指 What（什么）、Why（为什么）、When（什么时候）、Where（在哪里）、Who（谁）、How（如何）、How much（花多少钱）。

在个人经验上，那么企业的销售能力将很难保持稳定，因此必须对项目管理能力进行升级。

华为进行了一种尝试。虽然每个项目看起来都不一样，但是这或许只是表象，华为试图把一个标准的、复杂的项目像庖丁解牛一样进行拆解，把项目分解为每个成员做的具体的工作任务，并且发现有些工作任务在不同的项目中也会反复出现。

我举个例子来帮助大家理解这一点。我们每个人看起来都不一样，可是如果把每个人都分解成原子，把这些原子混合在一起，那还能分清哪个原子是属于谁的吗？两个看起来差异很大的东西在不断细分后就会在某些方面呈现一些共性。

把复杂项目拆解成工作任务后，再把那些在别的项目中也会重复出现的、对项目成败有较大影响的工作任务提取出来，按照营销四要素（客户关系、解决方案、商务、服务交付）以及项目管理的五个维度，把工作任务像搭积木一样搭起来，形成项目管理的工作任务集。它是一个工具箱，华为把它称为"任务大厦"（见表4-2）。

这里的工作任务其实是一个个标准化的小流程，它解决了在项目中如何管理小团队的协同配合，如何实现标准化的难题，有点儿类似于足球比赛中的短传渗透这种战术层面的配合。

把工作任务流程化是营销管理领域的创新，有了标准的销售项目管理方法后，企业出错的概率会大大降低，这样就可以在竞争对手出错时一击制胜。

表 4-2 任务大厦

客户关系	解决方案	商务	服务交付	项目管理
决策关键点信息获取	获取对手信息	商务评标分析	分包、外协资源协调	项目总结报告
针对性汇报	商务模型分析	银行/信保关系建立	培训方案设立	项目总结会议
反对者的转换/孤立	技术澄清	融资手段分析、引导	PM设立及介入	项目评估
政府关系建立	研发调研/版本确认	商业计划分析	测试小组公关	商务方案评审
信息源建立	对手产品技术分析	融资/付款风险分析	对手网上问题收集	融资方案评审
评标小组关系建立	用户报告/咨询报告	法律条款贸易风险分析	技术服务巡检	产品方案评审
合作伙伴选择	产品测试	客户投资计划分析	网上问题解决通报	项目简报
公司高层拜访	公司参观/展会/样板点考察	对手历史投标价格分析	网上设备问题调查	项目分析会
高层关系公关	标书引导/陷阱设置	周边投标价格变化分析		开工会
公司参观/展会/样板点考察	技术特性引导交流			项目主计划管理
决策链分析	产品卖点一揽牌			项目策划报告
				项目组组建
				立项

工作任务流程化的实际构建比较复杂，我曾经用半年的时间辅导一个企业来实现这一目标。接下来，我们就围绕客户关系和解决方案这两个维度，挑几个工作任务简单讲解一下，方便大家更好地理解工作任务流程化。

（1）客户关系

决策链分析。这一工作任务是必选的，虽然这个工作任务只有五个字，但是内涵很丰富，它要求销售团队利用权力地图完成单项目客户关系规划，包括客户关系现状评估、客户关系目标设定、客户公关规划等。

公司参观／展会／样板点考察。这一工作任务在任务大厦里既存在于客户关系维度，也存在于解决方案维度。为什么呢？因为它涉及两条专业线的协同配合：客户关系负责"搭台"，邀请目标客户；解决方案负责"唱戏"，达成好的交流效果。

在与客户洽谈业务的时候，高层关系公关与公司高层拜访这两个工作任务往往组合应用。如果出现企业派出的员工层级与客户的员工层级不对等的情况，比如企业的销售总监与客户的总经理谈合作条件，对方基于你的层级会认为他没有得到最好的交易条件，即使你已经给了他企业的底线条件，对方仍然会认为你有让步的空间。客户的总经理往往会要求和企业更高层级的管理者直接谈条件。既然同样的条件通过不同的人谈判，给客户的感知不一样，企业就要通过项目计划进行安排，通过高层关系公关促使双方的高层在项目的决策期见面，让双方层级相同的管理者直接谈最终的合作条件，这样做既能最大限度地保护企业的利益，又能够提升项目的决策效率。

合作伙伴选择。当企业在客户侧有多个可合作的教练时，在本项目中与谁合作是一个需要决策的问题。和层级高的教练合作，项目风险低但成本高；和层级低的教练合作，成本低但风险高，企业必须基于项目的情况来把握收益与风险。

（2）解决方案

产品卖点一指禅。解决方案团队在项目中负责管理客户的项目需求，因此在项目启动阶段，解决方案团队会输出"产品卖点一指禅"，用以指导其他成员在与客户交流的时候进行需求引导与价值传递，它就像一个乐队的指挥，大家都要按指挥棒"演奏"。

技术特性引导交流。项目的产品技术方案由技术团队负责，技术团队通过标准化的"看网讲网"方法，分别从业务、性能、架构、成本、技术演进这五个需求层面全面梳理客户需求，以便企业从客户需求中挑选出对自身有利的进而形成项目需求。

标书引导 / 陷阱设置。解决方案团队在项目中负责打造总体方案的竞争力，标书引导 / 陷阱设置这一任务的应用范围不仅局限于技术方案，在服务方案与商务方案中也可以应用，它是落地项目策略的手段。

研发调研 / 版本确认。在项目中，有些客户的需求无法通过现有的产品被满足，解决方案团队可以通过客户需求管理流程将这些需求提交给研发部门，并且把研发部门的承诺落实到项目承诺中。对于研发中的需求接纳与实现情况，解决方案团队会通过工作任务进行跟踪，保障需求实现后可以按承诺提供给客户使用。

9. 在项目管理中如何使用任务大厦

任务大厦中的工作任务很细、很复杂，下面主要讲解其在项目管理中使用任务大厦的方法。

要想完成项目，需要制订项目计划，明确工作任务，从任务大厦中，按照营销四要素与项目管理的五个维度，把本项目中需要用到的工作任务先挑出来，放进项目工作任务表中（见表4-3）。

大家想一想，是从头到尾把一个项目需要做哪些事情都想出来容易，还是给出一个任务集，先把与本项目相关的工作任务挑出来，再根据项目的实际情况增补一些任务更容易？显然，有任务集的支撑，制订项目计划会变得更容易。

任务大厦相当于为经验不足的销售垫了一个"板凳"，缩小其与优秀销售之间在经验与能力方面的差距。

此外，把项目管理细化为工作任务后，整个项目的质量、成本、进度也会更好控制，比如一个工作任务需要投入多少人力、多少成本、多少时间，这些比较容易估算。任务定义清楚了，整个项目的成本也就容易看清了，这对于企业把经营职责下移到项目中至关重要。

没有前期的这些工作，项目的概、预、核、决就没办法真正落地。工作任务明确后，企业就可以拟定项目进度计划表（见表4-4）。

表4-3 项目工作任务表

工作分析结果（WBS）表

一、项目基本情况

项目名称	T客户XX产品采购	项目编号	T0808
制作人	张三	审核人	李四
项目经理	张三	制作日期	2005/7/8

二、工作分解结构：R—负责（responsible）；AS—辅助（assist）；I—通知（informed）；AP—审批（to approve）

分解代码/任务名称		包含活动	工时估算	人力资源	其他资源	费用估算	工期	张三	李四	王五	赵六	吴丹	刘峰	张芳
1.1	客户关系	决策链分析	0.5	2			1	I	AP	R	I	I	I	I
1.2														
2.1	解决方案	客户需求确认	1	2			1	R	AP	AS	I	I	I	I
2.2														
3.1	商务	项目盈亏分析	0.5	1			1	AP	I	AS	I	I	I	AS
3.2														
4.1	服务交付	竞争对手交付问题调查	1	3			1	I	AS	R	I	I	I	AS
4.2														
5.1	项目管理	项目组组建	3	6			3	R	AS	AS	AS	AS	AS	I
5.2		项目策划报告	0.5	2			1	I	R	AS	I	I	I	I
5.3		项目主计划	0.5	1			1	I	AP	R	I	I	I	I
5.4														

表 4-4 项目进度计划表

项目进度计划表

一、项目基本情况

项目名称	T客户考察公司	项目编号	T0808
制作人	张三	审核人	李四
项目经理	张三	制作日期	2005/7/8

二、项目进度表

周	0		1							2							3				责任人	阶段性里程碑
开始时间	7/8	7/9	7/10	7/11	7/12	7/13	7/14	7/15	7/16	7/17	7/18	7/19	7/20	7/21	7/22	7/23	7/24	7/25	7/26		
开工会	■																				7月8日成立项目组
阶段I 邀请客户				■	■																7月11日递交邀请函给CTO及相关人员
111 递交邀请函给客户				■																王五	
112 安排行程							■													张三	7月14日确定考察人员及行程安排
113 确认来访人员行程							■													王五	
阶段II 落实资源									■												
211 安排我司高层接待资源									■											张三	7月16日前与公司沟通确认考察安排及资源协调
212 安排各部门座谈人员									■											刘峰	
213 确定总部可参观场所									■											刘峰	
阶段III 预定后勤资源																					

原则上，整个项目的工作计划都要列出来，但是考虑到销售项目不断变化，难免会影响项目计划，因此要求一个月内的工作计划要相对稳定，不能总变。因为项目资源不是某个项目独占的，是按照各项目对资源的时间要求进行分配的，如果项目计划总是变换，项目资源就很难得到充分保障。

10. 通过管理机会点流程的项目立项活动完成项目定级

有了项目分析、项目目标与策略制定、项目计划拟定这些活动，项目管理流程下的项目策划子流程就算高质量地完成了。这时的项目策划相当于一份商业计划书，销售团队可以通过项目立项活动向经营单元申请 ATI，完成项目定级、项目组任命、项目组授权，与管理机会点流程紧密集成。

（1）项目定级

项目定级即通过区域、客户、产品、金额、竞争五个维度牵引一线团队，以订单的形式实现公司战略规划中的山头目标、竞争目标、份额目标三类战略目标。在每个定级维度下，企业又可以依据项目的价值与风险，将项目分成不同的层级。

因为平台的管理资源比较丰富，所以华为的项目层级分得比较细，分为系统部级、代表处级、地区部级、公司 B 级、公司 A 级五层，地区部级以上的项目是大项目，是要严格按照 LTC 流程执行的。

项目分级是不是越细越好呢？并不尽然。项目分级分几层最合适，取决于企业的差异化管理能力。也就是无论企业把项目分为几级，都必须具有对不同层级的项目进行差异化管理的能力，有与之对应的管理组织以及适合的管理方式。

比如华为把销售组织按照区域划分为三层，最底层的区域组织是代表处，负责管理本代表处的所有项目（无论代表处级、地区部级，还是公司级的项目）；比代表处高一级的区域组织是地区部，管理下属所有代表处的地区部级以上的项目（也就是本地区部所有的地区部级、公司级项目）；公司总部管理所有公司级项目，这就实现了按照项目定级来筛选项目，并且产生了叠加管理。

项目分级的意义在于，企业可以通过不同的项目管理规则实现差异化管理。明确的项目管理规则可以提升各个环节的业务运作效率，避免大家等在原地不行动，一味等领导决策。

（2）项目组任命

进行项目立项的目的是向公司申请资源，申请到的资源是一线销售团队向公司"买"来的，要计入项目成本。项目组是临时型组织，基于项目立项而成立，项目结束后资源就要被释放。项目组的特点是按照项目需求配置资源、调整资源，灵活度比较大。图 4-15 是销售项目组织架构样例。

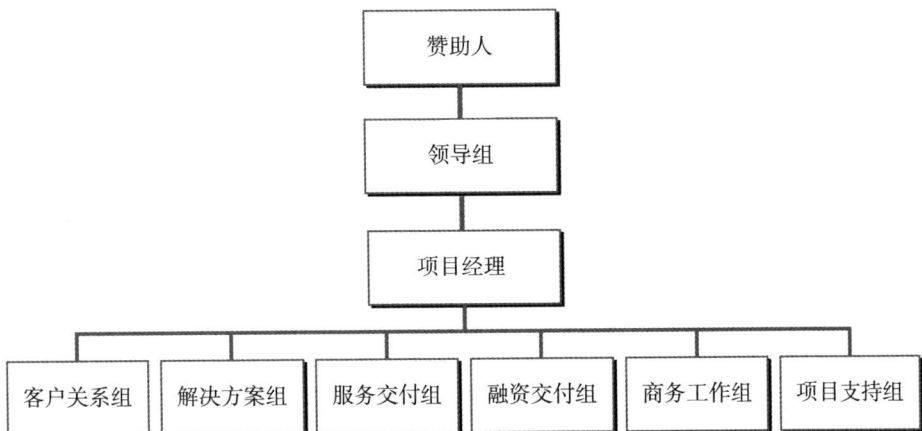

图 4-15 销售项目组织架构样例

销售项目组的资源配置有三个关键点。

第一，项目经理的人选。项目经理是项目的第一责任人，掌握着项目的指挥权，他必须同时满足两个条件，一是能力必须足以管理这个大项目，华为以岗位职级作为能力是否匹配的衡量标准（比如针对地区部级以上的项目，项目经理的岗位职级必须在18级以上）；二是他的客户关系必须能够匹配该项目客户侧的最高决策者，也就是说，这个项目经理平时的客户关系维护对象就是该项目客户侧的最终决策者，只有这样，他才能在项目中有效管理客户的决策链。

第二，项目经理并不是各个业务领域的专家。正所谓："一个好汉三个帮。"想有效实现营销四要素在项目中的协同，项目经理下辖的各个专业组组长的人选是资源配置的关键，这些人要为其专业领域项目策略的输出落地负责，要有效支撑项目经理开展工作。

第三，项目经理之上有一个领导组，这些人是与项目级别相对应的区域经营单元中各专业线的管理者（如果项目是地区部级的，这些人就是地区部各职能部门的管理者；如果项目是公司级的，这些人就是公司总部各专业线的管理者），这些管理者的责任是为项目组的各专业线提供资源，接受项目组中各专业线的求助并推动问题的解决（比如解决方案组需要研发部门的支持，这时不是由项目组直接去找研发部门，而是由解决方案组的专业线接口人把求助传递给研发部门），并且对本专业线在项目组中的工作输出进行质量把关，比如评审等。项目组织的最顶端是赞助人，赞助人是项目最终受益者。

一般情况下，赞助人是与项目级别相一致的区域经营单元的领导，比如地区部项目的赞助人可能就是地区部总裁，而赞助人下面的领导组就是赞助人的直接下属。企业设立赞助人是为了在职能部门主管对项目支持不力的时候项目组能寻求赞助人的帮助。华为要求赞助人在项目期间每双周听取项目组的工作汇报。赞助人一般级别比较高，有较强的跨体系推动与协调工作的能力，比如协调研发、供应链、采购等部门，可以给项目提供极大的助力。

（3）项目组授权

在推行 LTC 流程前，华为对项目质量的理解与把控都比较粗放，主要把控方法是控制价格与关键条款，业务关注点在于"赢"，也就是拿下订单。高风险的 A/B 类禁止条款在原则上是不允许签的，要把控业务的红线。通过 LTC 流程把业务场景显性化后，华为对于交易质量的要求也变得更具体了。

企业按照项目经营的需求配置项目组资源（比如项目经理、项目财务、各专业线人员），是希望项目组自行承接项目的经营职责。因此在原来"赢"的职责之上，华为增加了对项目组"盈"的要求，项目组要"赢""盈"并重。具体而言，华为新增了财务要素，完善了授权标准。除了原有的业务红线条款管控，华为还将原来的简单管理授权价升级为管理合同盈利性，同时增加了合同金额、合同现金流、客户授信额度等授权维度，给了项目组更灵活、广泛的决策权力，减少沟通成本，提升决策效率。关于授权与行权的方案，我们会在后文进行系统介绍。

管理项目流程下的三级流程：项目监控

项目立项通过后就进入项目实施阶段，企业要做好项目过程跟踪与监控，重点关注目标、策略、计划、预算与预期是否一致，判断是否需要进行管理干预。管理主要依据项目主计划进行，企业要关注内外部变化对项目主计划的影响，项目监控逻辑如图 4-16 所示。

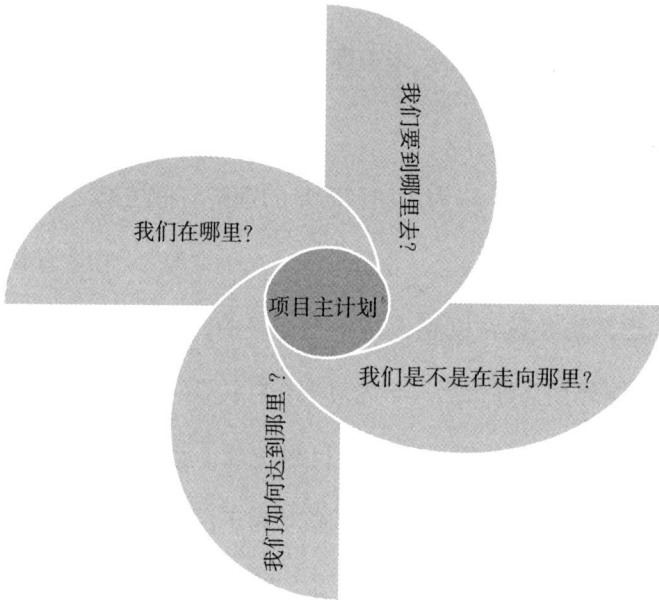

图 4-16　项目监控逻辑图

监控的方式包括项目启动阶段的项目开工会与项目执行阶段的项目分析会，企业通过这些方式监控项目的质量、进度、风险等。

1. 项目开工会

举办项目开工会意味着项目已正式启动，项目组成员之间初步进行交流，让大家知道自己已经是项目组成员了，这有助于大家快速进入项目状态。在项目开工会上，项目经理讲解项目策划报告，加深项目组成员对项目目标的理解；对于部分绝密信息，比如客户关系、竞争对手管理、项目的具体打法等，由项目经理与各专业组组长（比如解决方案、商务、服务交付等专业组组长）在小范围内讨论，项目关键信息要受控；统一项目所有参与者的思想认识，包括本项目的管理方式、工作方式、沟通计划等；明确项目各成员的职责、绩效评价方法与标准、项目激励方案等。

2. 项目分析会

项目分析会分为每周召开的例行分析会和出现突发情况（例如客户需求、设计方案、公司策略、营销环境、客户侧人员、竞争对手等发生了变化，导致项目计划无法按时完成）而临时召开的紧急分析会。

项目分析会的议程如下：总结前一段时间内的工作，包括遗留问题的完成情况；分析项目的进展以及竞争对手的情况，通报项目最新的变化；对项目运作中遇到的重大机会点和障碍点进行分析和讨论，提出具体的策略和措施；确定下一步的工作任务并收集项目组成员遇到的问题与求助；明确解决问题的时间要求与责任人，将其作为遗留问题由各任务责任人负责推动问题的闭环解决，并在下次会议中检查。召开项目分析会的目的是揭示问题，在问题刚刚出现时就发现并且解决，对项目进行高质量的变更管理（包括目标、策略、计划、资源等的变动），而不是问责与处罚。

3. 实施项目监控的三个关键点

第一，对于项目实施阶段遇到的问题，所有干系人要达成共识并做出解决问题的承诺。

第二，项目组成员进行网状沟通，及时共享信息并达成共识。

第三，例行召开项目分析会并输出会议纪要，对项目的关键信息与达成的共识进行记录。

原则上，召开项目分析会的时间间隔不要长于一周，项目信息瞬息万变，时间间隔太长就无法及时揭示并解决问题。但是如果项目在一周内没有大的变化，还在原有计划的控制范围内，在项目经理与各专业组组长进行点状沟通并达成共识后，项目分析会也可以不召开，但是要输出周项目简报，记录项目关键信息与达成的共识，并将其同步给项目组成员及相关领导。

4. 项目监控流程中的三个常见问题

第一，令不行、禁不止。不能及时解决执行阶段遇到的问题，项目带"病"跑。

第二，计划形同虚设，项目不按计划实施。项目计划是组织协同的重要保障，如果大家各行其是，各自为战，就无法有效发挥组织的作用。

第三，监控人没有切实履行监控职责。具体表现包括以下几点。首先是项目经理失职。项目经理是项目的总指挥，也是第一责任人，这个人如果选择不当，比如让没有业务成功实践经验的人管理重大项目，或者某个项目经理同时管理很多个项目，就容易出现巨大的风险。其次是销售管理职能的缺失。销售管理部这一防火墙可以帮助项目经理查缺补漏，指导并且帮助项目经理管理好项目，如果销售管理部出现组织缺失，或者销售管理部的人员缺乏业务经验，就没办法配合项目经理把控项目。最后是项目赞助人职责缺位。

作为项目管理的最后一道防火墙，赞助人需要在发现项目风险的时候主动进行干预，具体方法包括调换项目经理、满足项目所需资源、推动难题在公司快速闭环解决等，以此为重大项目保驾护航。

管理项目流程下的三级流程：项目关闭

这一流程的主要内容为完成项目交接并输出项目总结。机会点流程对于输出项目总结也有要求，那它与项目管理中的项目总结之间是什么关系？机会点流程中的项目总结体现出企业对项目管理流程的工作质量要求，也就是说，在项目管理流程中输出的项目总结会被机会点流程检查质量。项目总结既是团队结合理论与实践的一种学习方式，又是企业沉淀、积累宝贵的知识资产的业务管理手段。对于项目总结，最关键的质量要求就是实事求是。从流程管理的角度来说，项目总结是对问题进行根因分析，让企业之后不犯或少犯同样的错误，其目的不是问责。

项目总结遵循"三讲三不讲"原则。

第一，讲问题不讲成绩。特别是已经丢单的失败项目，不要文过饰非，总结写得好像赢单了一样，要认真分析失败的原因，总结经验教训，避免多次犯同一个错误。

第二，讲主观不讲客观。多从主观上找原因，从项目信息收集、项目目标确立、项目策略制定、项目执行等方面，认真分析项目运作过程中各个环节存在哪些问题，不要过多强调客观因素，因为那毫无意义。

第三，讲自己不讲别人。项目总结是团队集体智慧的结晶，每个项目成员都要认真反思自己在项目中的表现，理解并贯彻公司的价值观，要做敢于批判自己的勇者，不要把项目总结变成互相推诿、互相指责的活动，那会破坏组织的氛围，不利于以后的业务协同与配合。

项目总结通常有标准化的模板，一方面，这种标准化模板可以训练销售团队运作项目的逻辑思维能力。写项目总结的逻辑与运作项目的逻辑是一样的，通过反复的训练，每个人都会形成具有一致性的项目思维方式，熟能生巧，这种思维方式渐渐就会变成一种习惯，成为深入骨髓的能力。另一方面，标准化的项目总结也便于企业进行经验萃取，如果每个人做总结的角度、逻辑都不一样，那么整合这些经验就会变成极其困难的事情。

按照麦肯锡的金字塔原则，销售项目总结的逻辑主要包括以下五个部分。

第一，项目结果。这一部分的总结要比对项目的目标与结果，要能回答"项目目标是什么""项目结果是什么""目标是全部实现、部分实现还是没有实现""这个项目是成功项目还是失败项目"等问题。

第二，背景及竞争。这一部分的总结包括客户背景、项目背景、竞争对手介绍等内容，要能回答"在项目过程中发生了哪些变化"这一问题。用于回答问题的信息是从项目策划报告以及项目运作期间的项目分析会纪要、项目简报中得到的。

第三，操作过程。这一部分的总结包括项目策略介绍、项目计划制订以及计划的执行情况等内容，要能回答"在执行过程中遇到了哪些变化（包括有利的和有害的）""项目组是如何应对这些变化的""应对措施是否产生了预期的效果""如果没有，原因是什么"等问题。

第四，关键要素评估。这一部分的总结要说明项目是如何进行控标的，即能回答"项目的控标点是如何选择的""控标任务如何安排""控标过程如何管理""控标的最后效果如何""哪些成功了，哪些失败了，原因是什么"等问题。

第五，经验教训。这一部分的总结要能回答"在项目运作过程中，项目组有哪些方面做得好，可以复制与推广""有哪些方面出现了失误，失误原因是什么，未来如何规避"等问题。实际上，无论成功的经验还是失败的教训，不要过多过泛，每个能认真总结出三条，对于团队和企业就已经有很大作用了。

管理项目群流程

管理项目群流程是销售管理的核心工作（见图 4-17）。

销售管理流程中最核心的还是管理销售管道，也就是管理项目群，它在整个 LTC 流程体系中承上启下，作用非常突出。LTC 流程中处于最顶层的是营销战略流程，它通过市场洞察支撑公司战略的制定，通过"从机会点到订货"进行战略解码，把战略要求转换成商机，按照看市场、定目标、定策略、做计划、定预算的逻辑展开，在每年年初就把一年最主要的工作规划清楚。而管理项目群流程则通过每周的例行管理，保障目标、策略、计划、预算按照战略规划落实。

如果遇到市场变化对企业的战略布局产生威胁的情况，项目群流程可以把市场变化反馈给战略执行流程（比如通过每月的经营分析会），帮助企业根据市场变化及时调整战略，保障战略目标的最终实现。

任何企业的战略布局都要通过一个个具体的订单实现，但是大部分企业的战略管理与订单管理是脱节的。市场一线以找到的订单为依据来进行运作，找到什么样的订单就做什么样的订单，并不会分析这个订单与企业战略有什

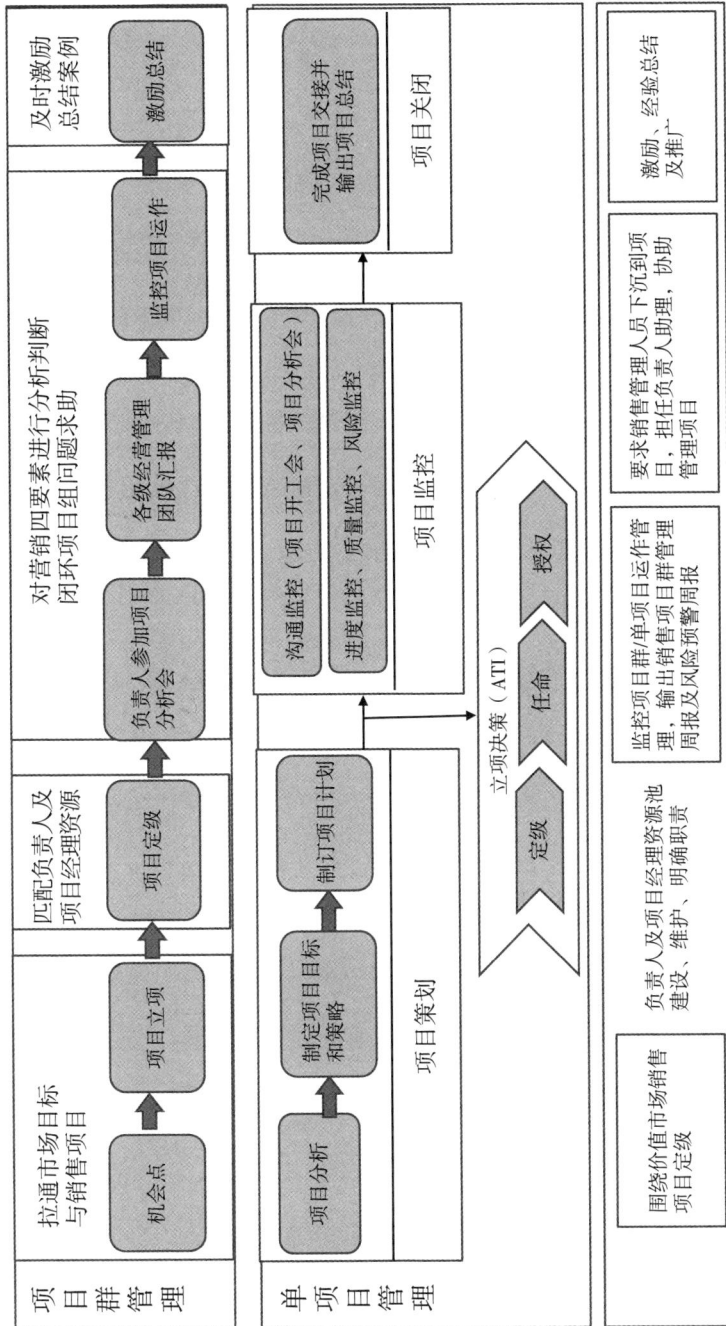

图 4-17　管理项目群流程

么关系，或者企业战略要求他们做什么样的订单。如果把营销战略流程理解为人的大脑，把管理项目流程理解为人的脚，而管理项目群流程则是人的腰，它负责把大脑的要求传达给脚，这样企业才能去往应该去的地方。

管理项目群流程的四大重点任务

1. 拉通市场目标与销售项目

大部分企业的订单都是由销售找回来的，但是这种做法存在缺陷，因为销售找回来的订单主要能带来短期价值，比如可以带来营收贡献与利润。但是企业的战略布局不能只看短期价值，应该兼顾短期、中期、长期价值，平衡发展，这样企业才具有持续发展的潜力。

那就意味着企业的目标应该涵盖山头目标（新客户、新区域、新产品的突破）及竞争目标等，但这些目标的重要性往往被销售团队所忽视。这既与销售团队的能力和视野有关，也与企业的绩效管理、考核及激励有关，是大多数企业都存在的一个明显的短板。而管理项目群流程的作用是把企业的战略布局要求直接转化为销售管道中的商机，录入系统中成为销售团队的任务，要求销售团队承接并实现。也就是说，这类项目不是销售自己选择的，而是企业强制安排的。

管理项目群流程通过承接战略中的市场目标、绩效评价与激励拉通市场目标与销售项目。

2. 为销售项目匹配项目赞助人与项目经理资源

管理项目群流程作为销售管理平台，要充分发挥"资源中心""能力中心""服务中心"的平台中枢作用，为销售项目准备并且投入关键资源，比如项目经理与项目赞助人。在每年的营销战略流程中，企业应基于市场目标进行资源能力与数量差距的盘点，把资源建设作为经营单元的重点工作。

经营单元的资源应该永远处于略微不足的微饥饿状态，而不是人浮于事，这也就要求各经营单元把现有资源利用好。企业通过项目立项来决定资源的投入量，保障项目可以得到足够的资源；让合适的人主导项目，保障项目的质量是稳定的、可控的。

管理项目群流程则要保障项目所需资源是可被提供的，如果本经营单元资源不足，可以利用资源买卖机制向其他经营单元的资源池购买资源。资源准备情况会成为项目是否立项的决策依据，资源不足的时候，有些项目就不得不放弃，以免造成资源的进一步浪费。

3. 监控项目运作过程

企业通过标准化的流程对大项目的运作质量进行监控，规范项目管理的动作要求。比如通过对营销四要素的落实情况进行监控，分析项目的目标、策略、计划、资源使用是否正常以及项目的质量与风险是否得到有效控制（比如分析活动质量、计划偏差等）。

按照流程要求，项目赞助人必须每双周听取项目汇报。如果项目赞助人监控到某些大项目存在运作问题，可以在每月的经营分析会上要求项目经理向本经营单元的经营管理团队汇报，督促相关部门及时披露并解决问题。

此外，管理项目群流程还可以监控销售管道中大项目的运作质量，比如项目立项是否规范、项目监控质量是否合规（比如项目开工会、项目分析会、项目简报等监控手段的落实情况）。

4. 项目总结与激励

我们在流程中已经反复提到项目总结，那么管理机会点流程、管理项目流程、管理项目群流程中的项目总结之间是什么关系？

管理机会点流程中的项目总结体现了业务最佳实践的管理要求。凡事要有始有终，大项目要在总结后才能形成业务的闭环，并且在该流程中企业把销售团队是否将项目总结上传到 IT 系统作为考查业务质量的凭证。

管理项目流程中的项目总结是销售项目组的实际业务活动，也就是按照机会点流程的管理要求输出具体的项目分析总结。

而管理项目群流程中的项目总结则是具体的管理行为，每周的项目群管理中通常会分析项目状态，比如哪些项目需要总结但是还没有输出，那就要督促项目团队在规定时间内完成，避免项目团队出现项目质量缺陷。

与此同时，企业还要做项目的质量评价，以协助项目团队完成项目奖的申报，激励项目团队。

通过上面的分析，大家可以看到，管理项目群流程在销售管道中可以涵盖大项目管理的全过程，包括项目的导入（基于战略要求引入项目）、项目的立项（完成项目立项决策的资源保障）、项目的过程质量管理以及项目的总结闭环等，形成了管理方式的叠加。

管理项目群流程的模型来自"销售漏斗"

企业通过每周的销售数据分析，总体把握当前的业务进展情况，以此发现很多问题。企业可以通过数据分析发现哪些问题呢？我举几个具体的例子来分析销售漏斗模型（见图4-18），通过该模型，企业可以更好地进行数据分析。

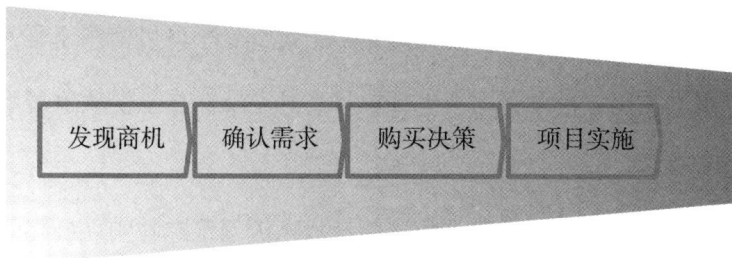

图 4-18　销售漏斗模型

1. 分析漏斗的形状

当数据汇总到一起后，漏斗的形状是否正常？有些企业的销售数据不是漏斗形，而是圆筒形，也就是销售系统中的商机都能形成订单，企业的赢单率极高。这种数据明显就是不正常的（除非你是行业中唯一的供应商，客户只能找你买），它意味着销售人员有瞒报、漏报的行为，根本不将有风险的项目上报给公司，企业存在外部管理的监控盲区。

2. 分析销售项目的赢率

项目赢率是组织能力的体现方式之一。通过数据，企业可以了解目前自己订单的赢率在行业中处于什么水平，是高是低，其中大项目和小项目的赢率分别是多少。比如华为的组织特点是个人能力不强而组织能力强，优势在于组织协同，所以大项目的赢率比竞争对手要高，但是小项目的赢率反而不如竞争对手。

3. 分析大小项目的比例

企业销售管道中大小项目的比例是否正常？是小项目偏多还是大项目偏多？大项目的占比与行业平均水平相比是高还是低？与主要竞争对手相比是高还是低？

项目群流程最直接的作用是协助营销战略流程跟踪并实现最终的市场目标，是管理年度目标的有效手段。企业通过每周例行跟踪目标、已经完成的项目、有效支撑项目量、目标缺口这四个关键指标来查找并解决问题。当企业通过数据分析发现问题后，要进行管理与干预，以提升销售管道的健康度。

比如公司给销售团队定了 1 亿元的销售任务，销售管道中有 2 亿元的项目量，但是销售团队正常的项目赢率是 30%，从这几个数字来看，我们就知道销售目标完不成了，销售团队大概只能完成 6000 万元的任务。

那企业应该采取什么行动呢？需要扩大喇叭口，寻找新商机，让更多的销售线索进入管道。但是，一个管理活动可能会引发新的管理问题，比如在公司的要求下，员工要将更多的商机录入 IT 系统，可是员工没有发掘出那么多商机，有些员工就会把一些虚假项目、风险项目录入 IT 系统充数。

比如，公司现在的目标缺口是 1000 万元，员工录入了一条商机，预计成交金额为 1000 万元。表面上看，目标有了支撑，但其实这个商机是假的，或者说公司根本没能力拿到这个商机，那这样的信息对公司就毫无用处，既增加了管理成本，又掩盖了真正的问题。

对于进入 IT 系统的商机，企业需要进行项目把握度评估，在这方面 PPVVC 控单力模型这一工具常被使用（见图 4-19）。

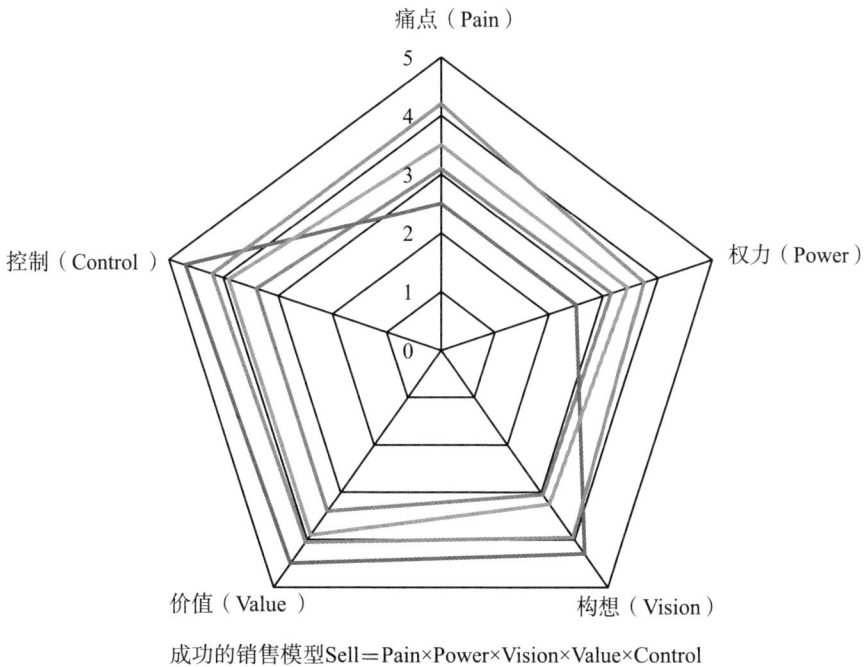

成功的销售模型Sell＝Pain×Power×Vision×Value×Control

图 4-19　PPVVC 控单力模型

PPVVC 控单力模型具有极高的业务管理价值，应用非常广泛，既可以在管理机会点流程中应用于确定项目是否需要跟进以及跟进优先级，并作为项目立项决策的辅助工具，也可以在管理项目群流程中分析项目的赢单率。

企业的合同商务部把这个模型开发为一个工具，基于痛点（Pain）、权力（Power）、构想（Vision）、价值（Value）、控制（Control）这五个维度设计出十几个具体的问题，销售团队可以从这五个维度着手，通过逐一分析每个问题并得出答案。

对于这十几个具体的问题，如果销售团队认为问题是确定的、可控的，就选择"是"；如果认为问题无法确定、不可控，就选择"否"。回答完问题，工具会自动给出销售团队目前对项目的把握度评估（A 为把握度在 80% 以上；B 为把握度在 60%~80%；C 为把握度在 40%~60%；D 为把握度在 40% 以下）。

这个把握度评估有什么用处呢？按照我以往的数据经验，在项目立项阶段，项目把握度评估为 A/B 的大项目，企业基本上能做到 100% 得到；把握度评估为 C 的项目，有一半的可能性会得到；把握度评估在 C 以下的项目，基本上没什么机会得到。因此企业在分析销售管道数据、判断项目对目标完成的有效支撑量的时候，可以按照 A/B 类项目预签金额的全部 +C 类项目预签金额的一半进行计算，这种计算方式的准确率很高。

PPVVC 的五个维度具体包含哪些问题呢？我们可以展开看一下。

- **痛点（Pain）**，即企业对客户需求及需求背后的真实目的和战略诉求的了解程度。更具体的问题是：企业清楚客户的需求吗？客户发现或感觉到自身需求了吗？客户关键决策人承认催生需求的根因了吗？销售人员对于客户需求和战略意图的推断，得到客户关键决策人的认可了吗？

- **权力（Power）**，即搭建客户关系的能力。企业的客户关系能赢吗？更具体的问题是：企业知道客户中具有权力和影响力的关键人物是谁吗？企业的客户关系能支撑企业获得项目吗？企业知道客户对成功交易的评估标准吗？

- **构想（Vision）**，即为客户解决问题的能力。企业的方案能够满足客户需求吗？与竞争对手相比有竞争力吗？更具体的问题是：企业的解决方案能匹配客户的需求吗？客户是否了解和认同企业的方案？企业是否为客户创建了基于企业的解决方案形成的业务规划和愿景？是否与客户一起创建了有别于竞争对手的差异化业务规划和愿景？

- **价值（Value）**，即企业能为客户提供独特的商业价值吗？如何推动价值证明，让客户意识到这点？更具体的问题是：谁能与客户进行更好的价值匹配？是企业还是企业的竞争对手？企业可以提供哪些具体的、可衡量的商业价值？企业如何用客户的语言量化这些价值？客户是否完全理解企业将提供的价值？企业和客户能否实现共赢？

- **控制（Control）**，即企业是否有效地推动了客户对企业的评估？企业的项目运作是有效的吗？更具体的问题是：企业影响了客户的采购过程或流程吗？企业是否了解客户的采购和决策流程？企业是否影响了客户的标书、评标标准或价值判断？

PPVVC 控单力模型完美匹配了企业在项目中采用营销四要素协同的项目运作方式，可以全方位地点检大项目的运作质量并提示项目风险，所有企业不确定的事情，都是要通过项目策略与项目计划解决的问题。

管理项目群流程提升市场计划的预测能力

管理项目群流程通过销售管道承载了重要的市场计划预测职能，企业通过管理销售管道中的商机质量，提升对大项目的预测能力，这对于跨专业领域的项目群集成至关重要。企业每个区域经营单元每月例行开展的经营分析会，也要以市场预测数据为决策依据。项目预测能力的提升能够大幅改善订货计划与要货计划的准确率。

华为的市场预测能力比较强大，它考核的是 3 个月滚动预测准确率。比如在 1 月要预测 2 月、3 月、4 月这 3 个月的订货情况与要货情况，而且在预测准确率考核中，4 月的预测占 50% 的考核权重，3 月的预测占 30% 的考核权重，最近的一个月，也就是 2 月的预测只占 20% 的考核权重。预测能力越超前，就能给后端平台部门越充足的反应时间，企业的供应保障能力就会越强大。即使在这种对滚动预测准确率的考核之下，华为在集团层面的订货预测准确率和要货预测准确率也在 95% 以上，大大优于国内绝大部分企业。

我在从事咨询工作的过程中接触过国内各行各业、不同规模的企业，很多企业的市场预测能力偏低，即便是预测能力较好的企业也只有 60% 左右的预测准确率，而且仅能提供下一个月的需求预测。

市场预测准确率的提升对于企业的经营有什么价值呢？订货预测准确可以大幅提升资金周转效率，让现金流管理更清晰，账上就不需要预留大量的资金。比如，2020 年，华为的营收规模在 8000 亿元以上，它的现金流只有

350 亿元，而资金的偏差不超过 800 万元，资金充分流动并形成企业的造血能力；要货准确率高，库存积压量就少，资金占用量也少，资源周转效率就高。

那华为是怎么达成这么高的预测准确率的？是市场计划猜得准吗？并不是。实际上，这么高的预测准确率是通过对市场的判断、对业务的精准管控实现的。

市场计划的价值不只是客观真实地反映市场的需求情况，这是不够的。

任何行业面对的客户需求在一年中都存在波动性，比如在 7 月客户需求出现井喷，需求量比平时增加了 3 倍，那么是不是把这个需求变化如实反馈给公司，市场预测就算完成了呢？为了满足客户的需求，企业需要增加产能，比如把产能扩充 3 倍，虽然这样做能够满足 7 月的市场需求，但是后续会导致产能的闲置，没有那么多的订单填充扩充出来的产能，因此企业不会因为某个月需求激增而扩充产能。但如果不增加产能，企业又会错失市场机会。

那正确的做法究竟是怎样的？

第一，企业的市场计划预测体系必须能捕捉客户的这种需求变化，比如提前预知 7 月将出现需求高峰，要能提前 3 个月预测到这个需求，以便给企业充分的准备时间。第二，销售管理要发挥作用，实现项目需求的"错峰"，削峰填谷。企业要对销售管道中的大项目进行甄别，对于有些项目，要求项目团队把进度提前，引导客户提前供货。比如正常供货时间应该在 7 月，企业要与客户沟通自己 7 月的供应能力，引导客户在 6 月要货；通过控制项目进度，把一些可延迟的项目的落单时间延至 8 月，减缓 7 月的供应压力。

要想有效缓解供需矛盾，企业一定要从大项目处发力，因为大项目在客户侧的决策链条长，可操作空间大，而且一旦企业成功控制一个大项目的供需节奏，就能够有效缓解整个供应链的交付压力。综上所述，华为之所以能进行高质量的市场计划预测，不是因为"猜得准"，而是因为"管得好"。

管理授权与行权流程

企业规模的增长与组织的膨胀，常常会带来管理成本的上升与业务运作效率的下降。管理授权与行权流程的作用是支撑企业通过不断细分区域经营单元，把资源与权力向市场前端、客户界面迁移，在保证业务质量与风险可控的前提下，提升组织的决策效率，使组织扁平化，修建一条支持业务高效运转的"高速公路"。

企业构建 LTC 流程的目的是生成高质量的合同，这也意味着必须从业务的源头（订单层面）开始关注业务质量的改进情况。如果不能从订单层面对业务质量、收益与风险进行把控，那业务质量的改进就如同镜花水月，没有发力点。

建立以订单为对象的销售决策总体方案

很多企业对于订单的管理非常粗放，决策流程不标准、业务规则不统一，也缺乏明晰的质量要求。

我举几个企业管理过程中的典型例子。

第一个例子反映出企业在一些关键步骤和关键决策点上没有对业务质量和风险进行统一管理。

比如，很多企业没有进行项目立项管理，这是一种管理缺位、管理者不担责的表现。拒绝低质量的商机对管理者而言是有压力的，因为他们担心完不成任务，也担心被更高层级的管理者追责。但是如果管理者不做这个决策，企业要付出的代价就是资源的浪费和赢单率的持续下滑。个人不担责，就只能由组织来兜底。

这也体现为很多企业按照部门的功能进行授权与信息控制，导致实际情况没有与一线的需求相匹配。也就是各个部门只为自己的事情负责，但是没有人为最终结果负责。企业按照职能对部门进行授权，但是不同部门的目标并不一致，比如财经、法务部门基于自己的部门定位，不了解一线的业务情况，会过分强调风险，这有时会让企业失去本可以获得的市场机会。

第二个例子反映出企业对销售团队的授权不清晰或授权程度太低。

如果销售团队事事都要请示汇报，业务瓶颈就会集中在总部层面，导致决策效率低，而且这种决策方式又不能真正有效地控制业务的风险，因为总部远离一线，对业务了解得不够充分。比如明天就要招标了，但是一线今天来申请给客户更低的折扣，对于总部而言，批或不批都是很为难的事，此时这种决策会变成一种承担一线推卸的责任的行为。

基于以上的案例我们可以发现，企业需要一套系统的、规范化的、标准统一的销售决策总体方案，需要以订单的整个生命周期作为管理对象，建立清晰的管理流程、管理规则与质量标准。企业首先必须明确：销售团队以订单这种形式为区域经营单元创造价值，企业必须通过管理授权与行权流程把经营职责下沉到订单层面，实现基于订单的概、预、核、决四算拉通，做好订单的经营管理。因此整个销售决策方案包含在哪里管（关键决策点）、由谁管（决策团队构成）、如何管（决策规则）这三个关键部分。

1. 在哪里管

如果把业务的整体流程想象成一条高速公路，关键决策点就是高速公路上设立的收费站，收费站设立得不合理，会影响业务的正常运转，也会增加不必要的管理成本。那么怎样设立收费站才是合理的？保证需要管的都能管到，不需要管的不要乱管，就是合理的，这也是企业在管理业务的流程时需要深入思考的。

企业的战略要通过一个个具体的订单来实现，华为通过分析项目运作过程中涉及战略执行的关键业务点，风险、质量控制的关键环节，并参考埃森哲提供的领先实践，设置了"4+2"个关键决策点（见图4-20）。

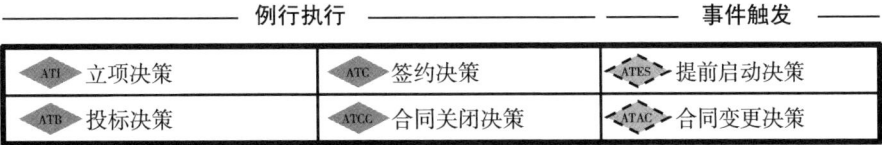

例行执行		事件触发
◆ATI 立项决策	◆ATC 签约决策	◆ATES 提前启动决策
◆ATB 投标决策	◆ATCG 合同关闭决策	◆ATAC 合同变更决策

图 4-20　营销流程"4+2"个关键决策点

关键决策点是各区域经营单元管理团队进行价值选择的正式活动，企业可以通过规范关键决策点，使市场管理团队更好地执行公司战略，提升交易质量，并使客户满意度长期处于较高水平。

一些销售团队，也就是决策的执行者，通过执行市场管理团队的决策及行动计划，更有效地协同企业与客户的交互，以此解决项目决策点不清晰、信息前后不一致的问题，避免了推诿、扯皮、不担责的现象。

关键决策点即不能单纯依靠企业的规章制度来管理的重要决策，如立项决策等，在立项过程中，企业应聚焦于过程和结果的效力与效率，考虑项目的质量和风险等方面。关键决策点分为事件触发决策点和例行执行决策点，其中事件触发决策点代表业务异常状态，最好不出现。设立事件触发决策点是为了兼容企业此前已形成习惯的一些做法，使得业务平滑过渡。比如提前启动决策，即合同还没有签订就要启动备货、生产乃至发货，这代表业务处于异常状态，这种行为本身就有风险，是项目质量低的一种体现。而华为早期以响应速度快著称，如果在流程中忽然改变这一业务特点，一线的反应可能会很剧烈，因此华为在流程方案中仍然保留了提前启动决策这一管理活动。但是在流程全面推行后，随着业务质量不断提升，这个决策点使用得越来越少。

合同变更决策也类似，如果售前签订的合同质量低，在合同执行阶段，合同的变更就会很频繁，而这种变更既会增加新的业务运作成本，又可能引入风险，因此华为在对合同质量的定义中增加了对合同变更次数的限制，促使一线销售团队在合同签订前尽可能确认清楚各种问题，在合同界面中与客户建立清晰的契约。

华为基于例行执行的四个决策点（立项决策、投标决策、签约决策、合同关闭决策）全流程跟踪并决策单个具体商机的资源投入产出、过程风险与质量管控情况，由此保障商机的质量得到端到端的管理（见图4-21）。

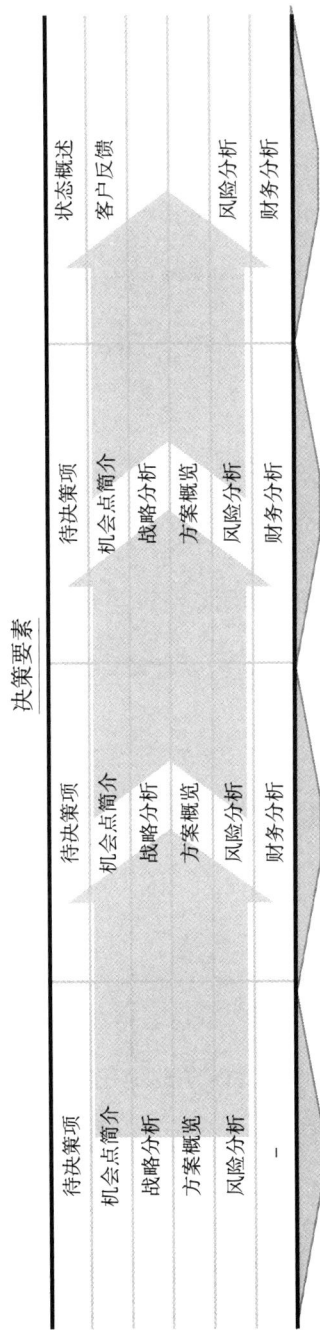

图 4-21　例行的关键决策点及决策要素

华为从战略、风险、财务三个维度设计了结构化的决策模板，保证各个关键决策点的信息具备一致性，使各个决策信息以及决策意见得到承接。

这个管理变化带来的收益体现在以下两个方面。

- 对于承接经营职责的区域市场管理团队，结构化的决策模板提供完整的信息，支撑市场管理团队做出正确的决策；使关键的决策意见能得到持续的跟踪和执行；统一了各级市场管理团队的决策思维模式和工作语言。

- 对于一线客户界面的销售团队，结构化的决策模板和信息的拉通提升了铁三角组织的工作效率；清晰的职责分工使铁三角组织更高效地协同作战；与市场管理团队统一思维和语言，使铁三角组织能更有效地获得决策的支撑。

2. 由谁管

很多企业都有承接经营管理职责的组织，也有经营管理的行为，但是其组织与行为存在明显的管理缺失，因为这些企业没有把项目作为最小经营单元，在项目中实施经营管理和决策。

如果企业不能从项目源头进行管理，那其经营管理就属于事后管理，即等到问题爆发了再去处理，此时企业是在亡羊补牢，会非常被动。

因为绝大部分企业在订单管理中实施的是专业管理，比如企业中财务、法务、技术等部门，它们站在专业的角度，为自己专业领域内的事情负责，但是没有一个组织端到端地为项目的最终经营结果负责。LTC 流程的一个变革点就是在项目层面成立了为项目经营质量负责的组织——销售决策团队（SDT），如图 4-22 所示。

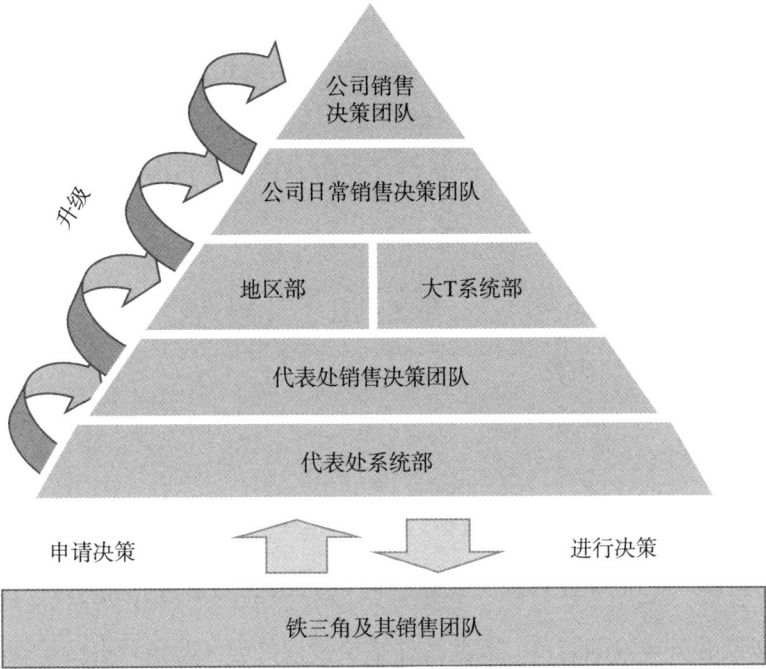

图 4-22　销售决策团队

华为的市场决策团队分为五个层级，设计这个决策团队的目的是支撑按照区域划分的经营单元（代表处、地区部、公司）在订单层面进行高质量的经营决策，未来通过资源和权力的前移，让代表处经营单元做大、做强，实现管理的扁平化。

SDT 的设立明确了各级销售决策团队是项目唯一的决策责任主体，企业由个人决策向组织决策转变。

企业通过获取订单的方式实现经营结果，而 SDT 中的决策者也是经营指标的承接者，因而他们更能在项目中理解并执行公司的战略。这样做使得决策层级前移，让听得见炮声的人指挥战斗，基于商机的价值与风险实现分层授权，以平衡管理的收益与成本。

完善 SDT 成员的组成以确保实现跨部门合作，使 SDT 组长能做出更合理的决策。常设成员是决策团队中可以代表机会点所涉及的每个主要领域的负责人，应该参与每次决策会议；扩展成员是在某些特定场景下根据需要参加决策会议的特定领域的负责人；各级 CFO 作为各层级 SDT 的常设成员，作用是强调盈利驱动的决策。

3. 如何管

在市场快速发展期，由于需求快速增长，客户对商务的敏感性没那么强，只要能签单，企业就有钱赚。在这一时期，企业的管理相对粗放，更关注"赢"以及业务风险的防范，因此往往围绕授权价与风险条款进行管理，较少关注财务要素。

随着行业需求放缓以及行业竞争加剧，企业走向精细化管理，基于战略、财务与风险要素综合决策，在长期利益与当期利益之间寻找平衡点，试图实现"赢""盈"并重。

除了管理风险条款，在财务管控方面，企业不能只是简单地进行授权价管理，而应升级为管理合同的盈利性，同时增加合同金额、合同现金流、客户授信额度等更细化的管理维度，构成项目授权方面的质量六要素（见图 4-23）。

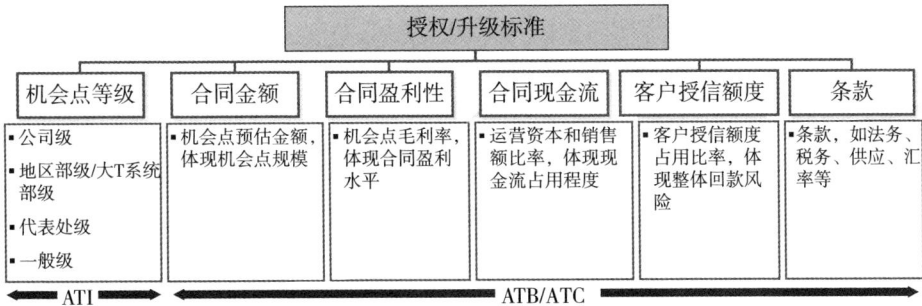

图 4-23　项目授权方面的质量六要素

整个授权方案从战略、财经和风险三个角度进行决策，由一般企业基于功能部门授权、各自为战，转变为由一线区域经营单元综合授权，保障区域经营单元能真正成为利润中心。针对区域经营单元及具体项目的考核和激励方案也与之配套，目标、绩效评价与激励在各个经营单元中形成业务闭环。

（1）如何进行立项决策

立项决策是机会点跟进过程中的第一个关键决策点，该决策点主要关注达成目标的策略。只有地区部级以上的大项目才需要进行正式的立项决策，市场决策团队负责综合评估销售团队的建议，使项目与企业的目标客户、产品／服务战略、市场战略、潜在风险规避要求、业务范围和资源相匹配。

市场决策团队会就如下方面询问并指导销售团队：客户期望、客户需求澄清、竞争状况、为达成目标制定的战略以及资源请求。基于此，市场决策团队对机会点进行"通过"或"不通过"的决策，并进一步确认目标指南（客户份额、机会点份额、时间进度、市场目标）、达成目标的战略指南、机会点分级、资源数量及级别等。

（2）如何进行投标决策

投标决策是机会点跟进过程中的第二个关键决策点，该决策点聚焦战略、风险和财务，旨在平衡风险和机会。只有地区部级以上的大项目才需要做正式的投标决策，市场决策团队评估销售团队对于项目的方案策略、赢单策略、价值主张和竞争差异、交付能力及商业可行性，并就如下方面询问与指导销售团队：客户期望、客户需求澄清、竞争定位及风险规避计划。基于此，市场决策团队做出"通过""不通过"或"有条件通过"的决策，并进一步明确做出"通过"决策的条件与要求，比如销售团队要提供刷新赢单策略、风险规避方案、竞争差异及价值主张、谈判策略（包括谁担任主谈判人）等改进项目的措施。

（3）如何进行签约决策

签约决策是机会点跟进过程中的第三个关键决策点，该决策点的决策方式与投标决策类似，但是重点放在从投标到签约的过程中交易条件的变化。只有地区部级以上的大项目才需要做正式的签约决策，市场决策团队重点评估交易条款以及风险规避措施的可行性，并就如下方面询问与指导销售团队：进一步谈判及与客户达成谈判结果过程中的任何活动。基于此，市场决策团队做出"通过""不通过"或"有条件通过"的决策，并进一步明确做出"通过"决策的条件与要求，比如关键条款的改进或风险规避措施的更新等。

（4）如何进行合同关闭决策

合同关闭决策是机会点跟进过程中的第四个关键决策点，该决策点关注条款的可行性及风险规避措施的施行效果。这个决策点在交易中起收尾作用，企业对它的管理没有那么严格，一般由一线销售团队进行合同关闭，市场决策团队会进行相关询问，确保企业和客户履行了所有合同义务，确保合同能够关闭，并询问有关财务分析、风险影响和规避措施（如有必要）以及客户反馈的情况，之后对项目状态进行最终确认，确认合同已关闭。

与以往的管控方式相比，华为在授权与行权的方式上有两个重大变化：第一，在专业评审之上增加了综合评审环节；第二，实现了专业建议权与业务决策权的分离。

在以前的管控方式中，专业部门掌握了过大的权力，专业部门的意见可以直接让机会点终止，但因为专业部门并不直接对经营结果负责，所以这种决策方式可能成为业务发展的障碍。

这个世界上哪里有完全没有风险的事呢？专业部门的价值应该在于帮助业务部门管控风险，让业务部门在控制风险的过程中发展业务，而不是简单地站在一边，拒绝一切风险。因此，华为在管理授权与行权流程中实行专业建议权与业务决策权相分离的管理方式，各个专业部门在评审的过程中要向决策团队提供专业服务、风险评估和质量分析，披露项目中存在的风险并且给出自己的专业建议，建议可以是"通过""不通过"或"有条件通过"，但是评审人没有直接停止交易的权力，承担经营职责的市场决策团队是决策的唯一主体。

以财务四算支撑决策

既然把项目定义为企业经营的最小业务单元，那财务四算（概、预、核、决）就必须能细化到项目层面，以支撑决策（见表4-5）。

表 4-5　支撑决策的财务四算交付件

	ATB	ATC	ATCC
决策内容	• 财务 • 风险 • 财经专业评审意见 • 授权差异	• 财务 • 风险 • 财经专业评审意见 • 授权差异	• 财务 • 风险
四算交付件	• 输出各类风险量化结果 • 投标阶段项目概算 • 结合长短期业务计划，输出盈利补偿财务分析结果	• 输出各类风险量化结果 • 合同谈判阶段项目概算 • 结合长短期业务计划，输出盈利补偿财务分析结果	• 合同决算报告 • 合同执行经营指标度量结果

华为以前在项目中配备了项目财务，当提出将财务四算细化到项目层面这一要求后，华为希望项目财务能转变为项目CFO，与项目经理密切配合，提升项目的盈利性管理能力。

营销流程与财经流程的集成，将完善项目的盈利性、现金流、存货周转天数、账款回收周期等财务分析能力。财务四算的拉通通过销售周期内的财务数据分析支撑项目经营，保障项目财务的健康。项目财务帮助项目经理承接项目概算，通过财务平衡分析，协助项目团队输出提升项目盈利性的财务建议。

这种变革带来的收益也是非常明显的。对于销售决策团队而言，变革后他们可以建立以项目为基础的核算单元，真实反映项目财务情况，为其基于合同盈利性、合同现金流进行科学的销售决策和合同谈判提供支持；对于项目团队而言，变革明确了项目中的财务角色，为铁三角组织提供财务专业建议，支撑铁三角组织达成项目目标。

除了需要财务流程与组织给予支撑，项目想落实财务四算还有一个很重要的前提条件，就是项目成本的数字化、基线化。所有在项目中发生的成本都必须被记录，很多企业在这一点上做得不够好，比如很多企业只记录人工成本、采购物料成本等，却忽视了项目的全部成本，这样得出的项目管理成本数据是不真实的。

华为通过多年的流程变革，在全业务领域实现了流程化、数字化。

第 5 章

流程集成与流程绩效指标

企业作为一个整体服务于客户，在满足客户需求的过程中，很多组织参与其中，也出现了很多业务活动，这种组织参与与业务活动交织、耦合，会让企业无法看清业务，发现问题，查找问题产生的根本原因。流程这一管理方法为企业带来一丝曙光，帮助企业统一业务语言，梳理业务并将业务显性化，通过流程重新定义业务，寻找服务客户的最佳路径。**流程帮助企业在面向客户的价值创造过程中实现了业务活动之间的贯通。**

企业管理追求的并不是局部业务的最优，而是业务在价值创造和价值传递的过程中实现端到端贯通，而这又离不开各个组织之间的"协同"。

这里的"协同"有两层含义。一是业务组织之间各个不同角色的协同，比如销售，在销售过程中有负责客户关系的员工，有负责做方案的员工，也有负责交付的员工，在一个项目运作期间，这些角色应该如何协同以及他们的分工是否合理，将影响客户对企业的感知。二是业务组织对周边其他业务组织有依赖关系，所以还有业务组织之间的协同。这是通过流程集成实现的，比如，销售和客户定下了交货期，企业就要去采购，此时销售部门就和采购部门有了业务的交互，想让客户满意，离不开体系中各业务组织之间的工作协同。

　　企业想通过流程集成实现业务协同有一个前提条件，就是各个业务领域必须都是流程化的，业务的运作需要稳定且健壮，就像几个齿轮，企业让它们咬合在一起，以此实现力量的传递。如果某个业务领域不是流程化的，它的工作状态，包括质量、效率、成本的表现不稳定，那么企业就无法进行业务协同，这就好像我们难以让一个齿轮和一根绳子咬合在一起。即使两个业务领域都是流程化的，比如华为的销售领域与交付领域，那么它们是不是天然能进行业务协同呢？也不一定。

　　如果企业的流程没有经过顶层设计、整体规划、分步实施，而是由各个业务部门自行规划和设计，那么也会出现无法进行业务协同的情况，这就好像两个齿轮的尺寸不合适，那它们也无法咬合。遇到这种情况，企业就需要通过流程再造，把齿轮的尺寸调整合适，让流程集成、业务协同，这样，流程才能顺利运转。

流程集成

　　绝大部分企业由各个部门各自构建流程，流程不完整、不具体、有缺失或步骤不连贯，无法实现端到端的管理，没有进行端到端的集成，缺少流程责任人。流程集成的目的是对所有必要的 LTC 流程进行集成并清晰定义责任主体。一个能生成高质量合同的集成营销流程，能清晰理解客户需求，帮助销售团队确定客户需求，从而提出满足客户需求的解决方案，并且通过输赢分析进一步优化企业的销售策略，建立并运用横向拉通、纵向集成的 LTC 端到端流程，这也是企业变革的关键。

　　在满足客户需求的过程中，业务活动横跨营销、研发、供应链、采购与外购、财经、项目管理等多个业务领域，通过流程集成的方式共同为客户创造价值。这涉及一个很关键的问题：由谁来集成谁？也就是说，流程之间的主从关系应如何定义？齿轮的传动需要一个主驱动齿轮，其他齿轮受主驱动齿轮驱动。华为在流程中定义了非常重要的设计原则：流程的运作及集成应该聚焦在为客户创造价值上。这就意味着客户界面的价值创造流程将发挥流程驱动作用，流程的起点与终极目标都应该能满足客户需求，为客户创造价值，这也体现了华为一直强调的"从客户中来，到客户中去"的端到端理念。营销流程与其他业务领域的集成主要体现在两个方面，即单项目作业流程集成与项目群作业流程集成。

单项目作业流程集成

项目是企业满足客户需求的主要形式，也是业务管理的最小单元。企业中的任何组织都应该直接或间接地为项目提供支持。如果企业能真正弄清楚如何把一个项目管好，那么这个企业的管理问题就解决了一大半。

华为营销流程的核心就是围绕项目管理来建立完整的管理体系。

单项目作业流程集成的第一个关键点是实现 LTC 流程各子流程之间的横向拉通，比如实现二级流程管理机会点流程与管理合同执行流程的拉通。

LTC 流程的各个二级流程相对独立，主责的组织也不一样，实现二级流程的有效拉通是确保客户需求得到高质量满足的前提条件。企业可以通过在管理合同执行中定义交接合同这一三级流程，以此实现生成合同（属于管理机会点流程）与管理合同执行流程的集成，流程集成的形式如图 5-1 所示。

单项目集成的第二个关键点是纵向集成，在售前阶段围绕赢得高质量的合同展开业务协同。比如要求交付团队在销售项目立项时就加入项目组，以支持机会点验证和项目立项决策的落实；通过计划和管理项目流程承接来自营销流程的客户需求和销售策略，驱动各功能领域共同制订集成后的项目计划和概算，支持项目投标和投标决策；各专业领域协同刷新项目计划和概算，支持合同的产生和签约决策。

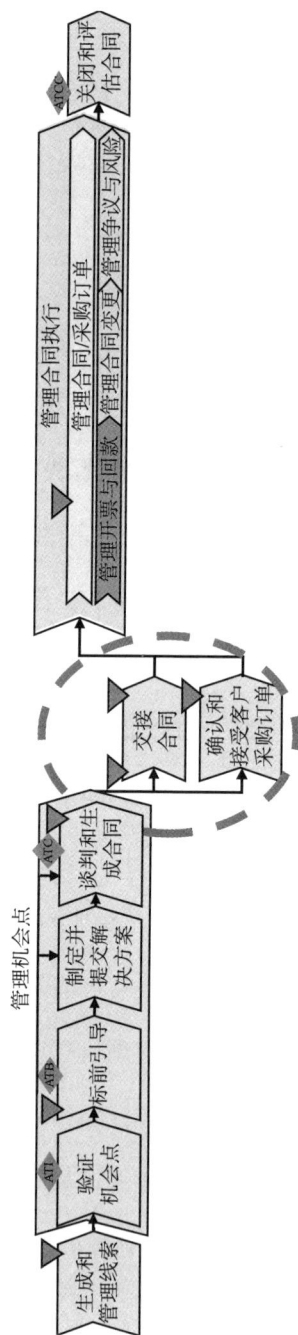

图 5-1 营销三级流程间的横向拉通方式

在售后阶段对准开票与回款展开协同，达成经营目标。比如营销流程通过合同注册与交接触发交付项目的建立和合同履行；管理项目流程通过集成的项目计划和预算，驱动各功能领域协同交付；管理合同执行流程通过服务交付及财经等领域的互动，对开票与回款、合同变更等事务进行有序管理。

流程集成体现了不同专业领域在服务客户的过程中的活动交互。具体而言，在 IT 系统中流程集成的体现形式为数据的交换，LTC 流程、研发部门的 IPD 流程、集成供应链流程、采购流程、财经流程、项目核算流程等由此完美集成在一起。

流程的跨体系集成是一个很复杂的工作，这里做一下简单介绍。

1. 与研发部门的 IPD 流程的集成

营销流程与研发流程通过 7 个集成点，使产品从形成概念到发布的整个生命周期的管理得到联结。比如把产品包需求 [⊖] 融合并集成到 LTC 流程中，以此收集和分析管理线索流程与管理机会点流程中的客户需求，并协同客户规划解决方案，也就是可以把项目过程中的客户需求准确传递给研发部门；定义从线索生成到合同生成的过程中，产品上市（包括确定营销资料、定价战略、产品目录）与 LTC 流程的集成点，以指导一线的销售人员；定义 IPD 流程中从形成概念到发布的过程中与管理生命周期的集成点，如产品规格、配置、生命周期规定、产品问题等，与营销流程共同完成产品生命周期管理；

⊖ 是研发流程 IPD 中的概念，是对最终要交付给客户（包括内、外部客户）的产品包的完整、准确的正式描述，也是对产品包进行开发、验证、销售、交付的依据。

把早期销售场景和销售关键决策点管理体系关联起来，以控制新产品上市的风险等。

2. 与集成供应链流程的集成

定义供应链专员、物流专员、采购经理等角色在管理机会点流程的早期介入，以开发高质量的方案建议书与合同；定义 LTC 流程与生产计划预测体系、订单管理和物流、工程交付等的集成点，比如承诺的可销售性将确认和接受客户的采购订单（Purchase Order，PO）与供应链订单管理集成起来；提前启动场景中的 LTC 管理体系与合同交付管理体系中的业务决策体系（属于两个不同专业领域的决策体系），将二者打通，建立关联关系。

3. 与采购流程的集成

定义采购部门的物料专家团（Commodity Expert Group，CEG）、采购经理在销售机会点中的早期介入，以明确采购战略和计划，进行采购可行性分析和采购风险评估，确保第三方设备和解决方案的可获得性及企业的产品在价格 / 成本方面的竞争力；定义 LTC 流程与采购需求管理、采购战略和采购执行管理等的集成点。

4. 与财经流程的集成

定义建议书评审、合同评审、业务 / 财经分析和财经业务控制的早期介入；在付款条款、订单确认、开票触发、客户信用管理、税务遵从性等环节，将财经业务控制融入 LTC 流程；把财经解决方案中的流程融入并集成到 LTC 流程中，如管理开票与回款（包括开票事件）及管理争议等。

5. 与项目核算流程的集成

使用统一的项目管理方法 / 管控将项目核算（Project Accounting）融入计划和管理销售项目及交付项目，并遵从业务和财经控制；使项目的规划、估计、建立、预算、预测、报告及关闭等与财经集成。

项目群作业流程集成

所有项目汇聚在一起被称为项目群，项目群与后端流程之间也有集成关系。若项目预测准确，可以支撑企业实现高质量的管理，比如在项目全预算制下企业的管理质量就比较高。另外，在每月各区域、各层级市场管理团队的经营分析会中，企业也要对照项目预测，判断市场目标能不能完成、有多少缺口。订货计划和要货计划也会与后端的供应链、采购、财经等部门有流程集成。

实际上，订单在企业内部的运行过程相当复杂，涉及多个业务领域，比如销售、供应链、采购、交付、财经、人力资源等。在订单的不同阶段，会出现前后端不同部门之间的活动交互，而在不同的业务领域，订单的管理特点又不同，比如在营销流程中，订单代表企业发现客户需求和满足客户需求的过程，具有时效性。比如企业属于餐饮行业，开餐厅，客户饿了来吃饭，企业会为客户生成一个订单，客户吃完饭，这个订单就结束了。

在营销流程中，企业对订单进行项目制管理，在项目需求明确后立项，在客户需求满足后结项；但后端的流程则与此不同，比如供应链、采购、财经、人力资源等部门提供的是流水线型的共享式服务，与餐厅的后厨类似，为所有顾客提供服务。

那么项目型流程与流水线型流程如何衔接？要通过集成计划管理衔接。每个项目通过制订相对准确的项目计划，把对后端的服务请求传递给后端，而后端把各个项目的请求安排到本流程的服务序列中，有序提供服务。

流程绩效指标

企业构建流程管理体系的目的是支撑企业实现数字化管理，让员工知道应该如何正确做事，让管理者知道如何管事，让企业知道自身的业务状态好还是不好。

那么什么指标才能全面度量业务的真实状态？有句话叫"以终为始"，企业必须回到 LTC 流程的源头，思考构建这个流程的目标。

站在客户的视角来看，客户希望企业准时交付满足自己期望的完美订单或解决方案，为自己创造价值，因此企业设定流程的目标就是提升客户满意度，用客户满意度指标及交付质量指标来度量；站在企业一线销售团队的视角来看，他们希望简化工作流程，有更多的时间聚焦在客户身上，更好地管理合同和订单的风险，提升交易质量，因此流程的目标就是高效工作、简化工作流程并改善交易质量，可用回款时间、人均净销售贡献或人均利润贡献、完美订单率（交付质量）等指标进行质量度量；站在企业财务的角度来看，他们希望通过准确和及时的开票加速企业现金流转，因此流程的目标是改善现金流，企业将用营收账款回收天数、库存周转率、销售成本及交付成本等指标进行业务度量。

基于此，华为设计出完整的流程指标架构，如图 5-2 所示。

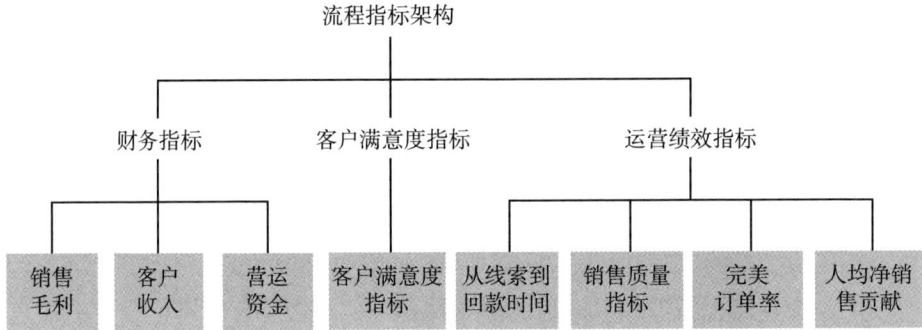

图 5-2　流程指标架构图

企业可以通过流程指标架构，从业务结果改变和组织能力提升这两个维度度量变革为企业创造的收益。其中财务指标与客户满意度指标用于度量市场前端的、客户界面的业务成果变化；运营绩效指标则用于度量业务运作过程中各组织的运作成果，可以通过指标差距分析来推动企业在未来实现持续改进。一个好的业务结果需要高质量的业务过程来保障，因此华为结合流程，展开支撑经营结果的流程绩效指标（见图 5-3），明确各个业务端的工作质量要求。

流程绩效指标可以全方位、端到端地反映业务运行状态。

企业在用 IT 系统承载流程、用流程绩效指标进行业务度量后，管理效率与业务的透明度能够大大提升。比如企业可以在 IT 系统中开发数据仪表盘管理工具，实时显示业务的运作状态：业务状态正常时，数据仪表盘呈绿色；业务出现异常时，异常点呈黄色，说明需要管理者干预业务；业务出现风险时，风险点呈红色，往往需要决策者进行决策。

二级流程

一级流程	生成和管理线索	管理机会点	验证机会点	识别需求、开发建议书，提出解决方案	生成合同
	线索收入占总收入的百分比				
	线索总数	合同总金额		报价总金额	合同总金额
	线索验证率	捕获率			
		合同赢率		建议书赢率	合同赢率
		销售成本占销售收入的百分比			
		目标利润			
		总利润			

客户满意度指标（售前）

	线索成熟时间	周期	机会点验证周期	投标周期	合同签订周期
				客户请求响应时间	客户请求响应时间
		销售过程中客户问题升级数		客户问题升级数	客户问题升级数
				建议书过度承诺率	合同过度承诺率
		变化的交易规模		投标过程中变化的交易规模	合同谈判中变化的交易规模
		机会点ATI报告完整性		机会点ATB报告完整性	机会点ATC报告完整性
		合同总收入/资源总数		合同总收入/资源总数	合同总收入/资源总数

提升财务绩效：销售毛利、客户收入、营运资金

提高客户满意度：客户满意度指标

提升运营绩效：从线索到回款时间、销售质量指标、完美订单率、人均净销售贡献

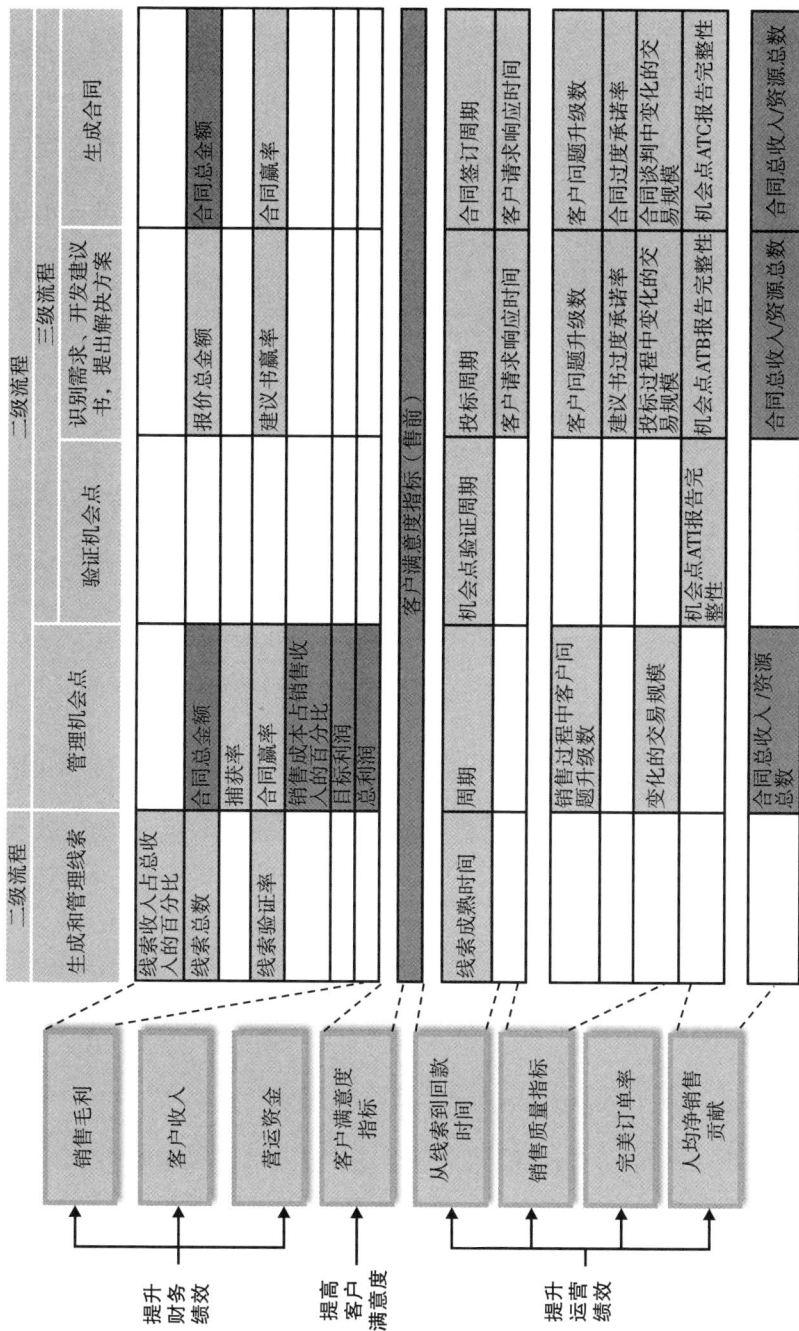

图 5-3 支撑经营结果的流程绩效指标

221

数据是业务的呈现方式之一，而业务之间存在相关性，这也会让企业借助系统快速发现某些环节、某些部门的业务造假行为。如果业绩不好，企业首先应该倒查商机支撑量够不够；如果商机支撑量足够，那企业就要看项目赢率是否正常，即判断这些支撑是不是虚假支撑；如果项目赢率异常，企业又需要向前看商机把握度评估数据是否准确，分析为什么商机把握度评估数据很高，实际项目的赢率却这么低。

而这些逻辑分析，系统可以帮我们自动实现。

营销组织篇

———

✤

用团队专业化取代个人专业化

让平凡的人创造不平凡的业绩

"我们后方配备的先进设备、优质资源，应该在前线一发现目标和机会时就能及时发挥作用，提供有效的支持，而不是拥有资源的人来指挥战争、拥兵自重。谁来呼唤炮火？应该让听得见炮声的人来决策。

　　"努力做厚客户界面，以客户经理、解决方案专家、交付专家组成的工作小组，形成面向客户的'铁三角'作战单元。"

——任正非（2009 年 1 月 16 日在销售服务体系奋斗颁奖大会上的讲话）

企业的组织建设与运作属于高阶的管理能力，用不同方法使用同样的资源，结果会大相径庭。华为营销组织的形成与能力的成长，是在企业 30 多年的漫长发展过程中逐渐成形并清晰的，这一过程大致可以分为三个阶段。

1. 野蛮成长期，采用人海战术

华为从贸易公司起步，进入一个竞争极其激烈的赛道。得益于通信行业的需求井喷，华为争取到了可贵的发展时间与市场空间，并且因地制宜、因时制宜地发展出了适合其阶段情况的组织运作方式——人海战术。

华为做过一个统计，在华为成立的前 10 年间，公司的人均产出是爱立信的 1/3，但是人工成本是爱立信的 1/4，因为有人力成本优势，所以华为可以通过招更多的人弥补能力上的不足。

但是，人力成本优势无法弥补华为与爱立信在产品、品牌、组织能力方面的差距，所以早期华为在市场发展策略中采用迂回进攻的战术。

华为这种组织发展思路对其他企业的启发是什么呢？那就是大部分能力基于资源形成。无论人才的选拔还是能力的沉淀，都一定要经历优胜劣汰的组织新陈代谢。资源充足，能力未必能被沉淀出来，但是资源不充足，能力一定无法被沉淀出来。

很多企业并没有真正认识到这个问题，这些企业的销售团队投入的资源严重不足，一些年营收额有百亿元甚至几百亿元的企业，销售人员的数量还不足百人。基于这样的资源配置，我们基本上可以判断这些企业的核心竞争力并不是销售能力，一旦行业竞争变得激烈，或者市场需求萎缩，这样的企业就会面临很大的问题。

2. 拥有优秀的职能型组织，在垂直领域逐步专业化，但跨部门协同效率低下

在这个阶段，华为需要能人。

此时的组织发展是自然而然发生的，因为人员数量变多，业务复杂度变高，组织就会发生裂变。我遇到过一些业务发展迅速的企业，它们的组织膨胀速度也很快。为了适应业务，企业经常要调整组织结构。有些规模为200多人的公司，一级部门多达十几个，组织结构就像一字长蛇阵。

这样的组织在业务运作过程中会遇到两个问题。

第一个问题是，组织难以做到跨部门协同，特别是有一定时间要求的业务协同，会遇到大家所熟知的"部门墙"。由于员工的级别相同，谁也不能管理谁，工作就很难推动，很多小事都要升级，由更高层的管理者决策。

第二个问题是，这样发展起来的组织，各职能部门资源配置不均衡，企业很容易因有些部门出现业务瓶颈。企业中各部门的员工都会说部门人手不够，企业也很难判断问题究竟出在哪里。慢慢地，企业内部就会出现推诿、扯皮、争吵的情况，出现大量需要各级领导推动、协调的事情，企业资源就被内耗了。

这一阶段是企业发展的必经阶段，此时业务规则的明确滞后于业务发展，大量问题需要人治，需要各体系的管理者彼此沟通解决，或者由更高层的管理者决策解决。所以管理者在企业中起到"仲裁人"的作用，他们大量的精力被用来维持组织的平衡及各方的关系。

在这个阶段，干部的作用就显得非常重要。华为提出一个口号："火车快不快，全靠车头带。"组织需要能人，需要那些敢于决策、敢于担责的管理干部。这些干部对外可以为企业争夺、占领市场，对内可以帮助企业打通部门墙。此时，企业应构建跨部门的临时型团队，比如通过联合办公或专项改进组等，解决有时效性要求的工作。

临时型团队是项目制管理的雏形，但是这种团队的规则并不明确。这种项目制管理的效果好坏，往往取决于非项目组内的权力，比如更高层的领导者亲自组建发起的团队，协同效率就比较高，但是这一团队的权力并不是来自项目组，而是来自其原有的职能部门。

这种运作模式的缺陷在于，项目的主责人需要有较高的权力，以此保证项目顺利运行，但项目本身并没有赋予主责人太多的权力，项目组内的权力不足以制约组内成员的行为，因此只能依靠项目组以外的权力推动项目。这种组织运作方式严重依赖个体，无法大规模复制和推广。

3. 建立为客户创造价值的流程型组织

在这个阶段，企业要充分发挥价值创造链条中每一个部门的作用，将企业的运作模式由火车头牵引升级为由动车牵引，让每个车厢（也就是企业的每个组织）都能为企业的发展提供动力。

既然企业把为客户创造价值作为组织变革的出发点与终极目标，那么就应该站在客户的视角来看待自身。用一个形象的术语来描述这一转变就是

"从推到拉"。

过去，企业中的组织和运作是"推"的机制，现在，企业要将其逐步转换为"拉"的机制，或者说，企业要采用"推""拉"结合、以"拉"为主的机制。

推的时候，是总部拥有的权威的强大发动机在发力，一些无用的流程、无效的岗位很难被看清，但是顺着客户需求拉动企业活动时，企业如果看到哪一根"绳子"不受力，可以将它"剪"去，并且将连在这根"绳子"上的部门及人员一并减去，这样一来，组织效率就会有较大的提升。

第 6 章

"铁三角"是什么

铁三角是华为从能人向组织能力转型的产物。

在相当长的一段时间内，华为营销组织严重依赖能人，而能人模式，即人才模式，有四个明显的弊端。

第一，人才的数量稀少。《三国演义》中有一句话是"卧龙凤雏得一人可安天下"。卧龙凤雏都是天下英才，但是全天下只有两个。一个企业的业务高速发展，就会出现人才培养速度跟不上业务对人才的需求的情况，人才供给不足会拖慢企业发展的速度。

第二，人才培养周期很长，成本很高。人与人之间的智商水平通常不会相差太大，很多人需要在工作中积累经验，甚至在业务中试错，这样才能成长。以前华为内部有一个说法：培养一个合格的管理干部，建立在给公司造成50万元损失的基础上。很多企业在人才培养方面没有华为这样的资源投入能力。

第三，人才稳定性变差。管理者很不好当：下属的能力不佳，管理者很忧心；下属的能力很强，管理者一样睡不好觉，因为担心下属被别人挖走。一个人没有显露才能时，大家都不愿意在他身上投资，但是如果他在一个平台上崭露头角，证明了自己的价值，就会被竞争对手或猎头关注，他们会给他开出很高的年薪，这给企业的管理者带来了挑战。为了把人留住，管理者就要给能人与其贡献相匹配的、有竞争力的待遇，甚至要给他更高的预期，承诺其几年后的职位变动。

我在一家企业见过这样一个案例。为了留住一位总监，这家企业给他开出一个条件：在一年的12个月中，这位总监可以休3个月的带薪假。这种对于个体的迁就，是对整个组织的一种破坏，很多人心里会因此感到不平衡。这样做会破坏组织的协作性。遇到难题的时候，大家都会把工作推给那个总监——他那么能干让他做吧，我们不会，会做的人也会说不会。大家会希望他工作出错，以此证明企业"看走眼了"。

第四，人才不好管理。人才都是聪明人，更容易恃宠而骄，挑战直接管理者的管理权威。管理者面对这种情况会很为难：管他，怕他不服管、辞职了自己被问责；不管他，再去管其他人时，其他人会不服气，觉得自己不公平。

在外人看来，华为人才济济，但是华为在业务高速发展阶段长期面临人才不足的困扰。华为的员工一直是中国各行各业的头部企业关注的对象，特别是互联网企业，因业务发展，它们急需大量有丰富业务经验的人才，而互联网企业的待遇对人才也有极大的吸引力。

基于以上四个弊端，企业把人才模式由"通才"模式转变为"专才"模式，用群体英雄替代个人英雄，用团队专业化取代个人专业化，让平凡的人通过合作创造不平凡的业绩，有其必要性和重要作用。

而这正是构建铁三角组织的底层核心思想。

企业设计铁三角组织的目的是通过团队协作创造价值，在设计过程中，企业需要思考如何解决不担责的问题。把事情交给一个人时，不担责的问题好解决，企业可以依据结果来问责；但是把事情交给一个团队时，企业就需要考虑如果团队协作时出现推诿、扯皮、不担责的问题，要如何解决。

那团队协作在什么情况下会出现不担责的问题呢？在两种情况下会出现。

第一种情况，角色职责定义不合理。一个角色承担了过多的责任，就有可能出现不担责的情况。这种情况在企业中很常见，被称为"鞭打快牛"，即越能干的人身上的工作越多。管理者不是不知道这种现象不合理，但是他也没有更好的解决方法。能干的人是有限的，遇到困难的问题时，只有把问题交给能干的人，管理者才更安心。但人的精力也是有限的，某个角色身上的职责过重，就有可能因能力或精力不足，导致工作出现疏漏。而一旦这个角色的工作出现疏漏，管理者又很难向他问责，因为问责会形成一种不好的价值导向——做多错多，不做才是最安全的。

很多企业刚刚建立铁三角组织的时候，上面这种情况在销售承担的角色职责上表现得特别明显。销售承担的角色职责太多，基于这种角色职责的设计，我们基本上可以断定，组织职责是无法真正落地的。

第二种情况，一件事情由多个角色负责，但是没有明确谁负主要责任，责任划分不清晰。这就会导致有了成绩大家都来争功劳，出了错误大家都推脱责任。

铁三角究竟是什么？铁三角不是三个人，也不是三个部门，而是企业为客户创造价值所必需的三种能力。我们把这三种能力分解到三个角色上，分别为客户责任人（Account Responsibility，AR）、解决方案责任人（Solution Responsibility，SR）、交付责任人（Fulfill Responsibility，FR），以此清楚定义角色职责。

企业通过团队协作来服务客户、创造价值，但是在创造价值的过程中，如何衡量每个参与其中的角色的核心价值贡献？铁三角角色职责中定义了铁三角的专业贡献指标（见图 6-1），用以牵引、衡量铁三角角色在业务中发挥的独特价值。

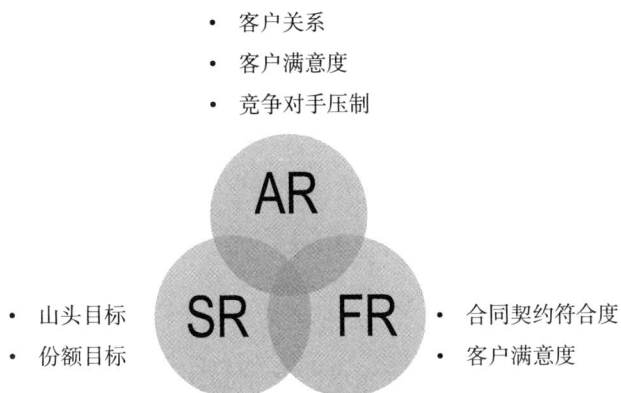

- 客户关系
- 客户满意度
- 竞争对手压制

- 山头目标
- 份额目标

- 合同契约符合度
- 客户满意度

图 6-1　铁三角的专业贡献指标

对一个企业而言，无论个人还是部门，都应该找到自己的核心价值，没有核心价值的个人或部门，会逐步被边缘化或被裁撤。

客户责任人的角色定义及核心价值

第一个角色是客户责任（AR），其职责是维护客户这条业务线。这个角色承接企业战略布局中的市场区域化、网格化管理的职责，要做深、做透区域市场，建立区域根据地并做好粮仓战略布局的重要组织支撑。

大部分企业采用行业垂直下沉的市场管理方式，这种管理方式有什么缺点？缺点是虽然行业的需求最终也会落实到具体的区域，但是在每一个区域，客户的需求在不同时间段内存在波动性，比如今年深圳的教育行业有需求，但是明年可能就没需求了，或者需求相较前一年大幅萎缩。

在这种情况下，行业资源配置就出现了问题。在今年需求旺盛的时候，企业在这个区域配置了很多行业资源；而在明年需求萎缩的时候，这个区域的行业资源就会过剩。企业如果把资源抽调回来，等到后年行业需求再次变得旺盛时，又会出现区域市场资源不足的情况，这些变化会影响客户对企业的感知，进而影响客户满意度。

市场随时都有可能发生变化，而企业的资源调配大多由后端总部负责，总部很难实时感知市场前端的变化，因此，企业的资源使用效率很难保持在最优状态。

对此，华为采用区域为主、行业为辅的市场布局思路。

虽然行业需求存在波动，但是企业以区域为主开展市场管理，可以对冲行业需求变化对市场的冲击。AR 在区域层面承接了泛行业管理的职责，任总把 AR 比喻成"农场主"，但是要求 AR 做一个开放的"农场主"，把市场变化反馈给公司，告诉公司明年在这个区域种什么"庄稼"产量最高，从而牵引公司合理配置行业资源。AR 承接了洞察行业变化、开发客户关系的责任。

AR 的核心价值定位主要体现在三个方面：客户关系、客户满意度、竞争对手"压制"。

1. 客户关系

很多企业虽然设有销售岗位，但是其销售岗位在业务中发挥的作用并不符合华为对销售岗位的要求，大部分销售更像跟单员，他们和客户保持联系，但是并不掌握客户关系。

这些企业的销售有客户的联系方式，可以跟踪一些事情，在有项目的时候可以完成企业与客户之间的信息传递，把客户的要求传递给公司，再把公司的回复传递给客户。

但是他们的缺点也很明显：这些销售没有影响客户的能力。比如在某个项目中，企业的技术满足不了客户的需求，这时候需要客户关系发挥作用，帮企业解决这个问题，比如引导需求。

很多销售做不到这一点，只会把这个问题抛给企业，这样做就没有达到企业设置这个角色的目的。华为之所以能够强化 AR 在业务中的专业贡献，是因为它有一套完整的、体系化的客户关系管理流程（对此我在《客户第一：华为客户关系管理法》一书中有具体的介绍，这里不展开讲），特别是有一套能够科学量化评估客户关系的方法，让企业可以通过设定客户关系目标、评价效果、奖惩来形成业务管理的闭环，牵引销售团队不断提升维护客户关系的水平。

2. 客户满意度

设置这个角色职责的目的是解决很多企业一直以来存在的共性问题：售前与售后职责脱节。比如售前只考核签单情况，为了获取订单，销售什么条件都敢答应，把风险转移给后端和企业。这是一种饮鸩止渴的行为，会严重破坏企业的品牌形象，降低客户满意度，因为在商业信用社会中，答应客户却做不到比不答应客户更糟糕。

企业为 AR 设置客户满意度这一指标的意义在于，如果客户对企业不满意，即使不是因为这个销售，对接这个客户的销售也要负连带责任。企业要通过这个职责定义牵引销售参与服务客户的过程，客户需求的整个生命周期都与销售相关。比如在销售服务客户的过程中出现了事故，虽然事故不是销售造成的，但是销售也要参与事故的处理过程，在客户界面承担客户关怀代表的角色，安抚客户，通过客户关系帮企业争取解决问题的时间，与企业共同管理客户满意度，尽量减少事故对企业的不利影响。

3. 竞争对手"压制"

这个角色职责比较特殊，绝大部分企业没有明确这个职责。竞争对手"压制"指的是，如果某个区域存在企业锁定的竞争对手，企业就会要求相应区域的 AR 承接"竞争对手'压制'比"这一指标。

比如，今年企业给 AR 定了 1000 万元的销售任务，同时还给他下达了一个竞争对手"压制"比为 10∶5 的"压制"指标。那就意味着这个 AR 今年如果只完成 1000 万元的销售任务，并不算完成企业对他的任务要求，他必须在完成 1000 万元销售任务的同时，让竞争对手与自己负责的客户的签单额不超过 500 万元，这才算竞争对手"压制"成功，订单被丢给一般的对手和丢给企业锁定的竞争对手，给企业带来的威胁是不一样的。

只有把对竞争对手的管理细化到市场最前端的岗位职责，才能真正起到有效的"压制"作用。

解决方案责任人的角色定义及核心价值

铁三角组织中的第二个角色是解决方案责任人（SR），它承接的是企业满足客户需求的能力。SR 角色的作用需要一个体系来承载，单独的部门往往无法承担企业赋予 SR 的角色职责。

这个体系包含三层组织，如图 6-2 所示。

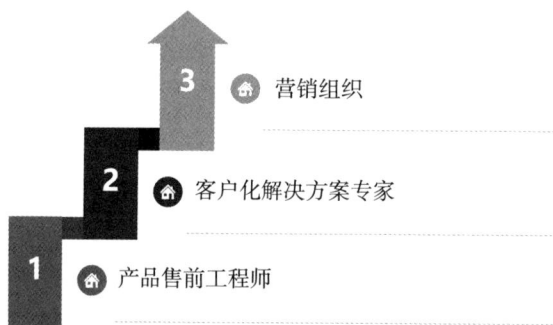

图 6-2　SR 体系的组织构成

最底层的是产品售前工程师，也有很多企业称他们为市场技术工程师。

对于市场技术组织的设置与运用，大部分企业常见的问题有两个：第一，市场技术人员数量比较少，常常满足不了一线的需求，因此在资源紧张的时候企业会直接调用研发的资源来支持项目；第二，因为数量少，资源需要放在平台上复用，当一线需要市场技术人员支持的时候，资源部门会采用派单的方式调配资源、支持项目。

这种资源使用方式最大的问题在于，无论是由市场技术部门指派的人员，还是从研发部门抽调的人员，都只了解本公司的产品，不了解客户的行业、业务及产品使用场景，不了解竞争对手，也不掌握客户关系。他们在项目中能够设计出满足客户需求的方案，但是说不清楚本公司的方案与竞争对手相比究竟好在哪里。

如果在方案层面没有差异性，那一线赢单的压力就集中在客户关系和商务上，客户会说："你的方案能用，但是你的竞争对手的方案也能用，那你需要给我们一个比较大的折扣，我们才能选你们。"如果这样，一线就无法完成公司要求的实现盈利性销售的目标，因此，这样的产品售前工程师不符合要求，也不是真正意义上的市场技术工程师，在项目中只能充当助理工程师，不能独立输出总体方案。

比产品售前工程师高一层的是客户化解决方案专家，他们是从产品售前工程师的岗位上成长起来的，当然，他们的能力更强，掌握的技能也更全面。一个合格的客户化解决方案专家，对内，要有跨产品设计解决方案的能力，比如以前他专攻无线产品，当他成长为客户化解决方案工程师后，还要掌握网络、数据通信、软件等产品，他在每个产品的细节上也许无法做到全部精通，在方案制定过程中需要得到各相关产品售前工程师的支持，但是他的优势在于可以基于客户的需求进行产品整合，形成总体方案。

即使项目中要用到第三方设备，也由客户化解决方案专家来负责第三方设备的选择、方案的整合。对外，他要熟悉客户的行业、业务及产品的使用场景，还能够对竞争对手进行分析和管理。

他也被称为"客户需求代表"，即能够真正为客户解决问题的人。客户化解决方案专家要能够站在客户的视角理解客户的需求，通过整合资源，输出有竞争力的整体方案，为客户创造价值，这就是前面讲过的，项目中要有"价值主张"能力。

2004年，我在某省与网通客户签了一个450M无线村通设备合同，在那个项目中，除了销售自己的无线网络设备，我们团队还帮助网通客户遴选铁塔的厂家，组织铁塔的招标。铁塔并不是华为的设备，销售了也不算入业绩，那我们为什么要帮网通客户做这些事情？因为网通客户之前是固网运营商，没有移动方面的资源，如果我们不帮客户解决铁塔的问题，客户就无法与我们合作。

"客户需求代表"存在的价值，是让客户与企业的合作变得简单，哪怕这会让企业自身的工作变得复杂，但只有这样，客户才会选择这家企业。

比客户化解决方案专家能力更高一层的是营销组织，也有企业把它们称为市场部门，它们一般被设置在总部以及区域的大平台上，是企业决策者的"参谋部"。

这个组织具有企业所需的高阶能力。基于对行业与客户的深度理解，营销组织可以帮助企业的决策层制定正确的战略方向，可以帮助研发部门实现成功对准市场的产品开发，可以为销售团队赋能，也可以高质量地管理与企业战略定位相匹配的品牌活动。

在营销组织的设置与运作中，最常见的问题是它与销售组织脱离，成为与销售组织平行的一级部门，绩效考核指标与销售组织没有相关性，这会导致二者无法协作。造成这一情况的根本原因在于，营销组织的核心能力是具有前瞻性的市场洞察能力，但是这一能力必须依赖决策者的决策和业务部门的执行才能体现价值。

市场洞察能力的价值创造链条包含信息的收集、分析、分发、应用、验证等诸多环节，营销组织的能力主要体现于专业化的信息分析处理，但是其前端还有信息收集这一环节，如果没有业务部门收集信息，营销组织的分析活动就没有输入与基础。

分析后还要有管理者的决策与业务部门的执行。如果营销组织不对业务结果负责，即使其分析的结果是正确的，也很难得到业务部门的信任与配合，业务管理无法端到端地贯穿整个价值创造链，业务也无法进行闭环管理，因此很难发挥价值。

但是如果把产品售前工程师、客户化解决方案专家、营销组织统一整合为 SR 体系，让能力由高到低排列，资源由总部一直延伸到市场最前端，就可以打通决策与执行的各个环节。

整个 SR 体系的核心价值在于帮助企业在战略层面实现市场格局管理，也就是帮助企业决策层制定面向未来的市场地图（比如五年后企业将变成什么样；企业的营收规模、行业分布、区域分布、客户分布、产品组合等会变成什么样），并基于企业的资源与能力，设置阶段性里程碑（比如明年的营收规模与市场格局），再将这些阶段性里程碑变成各年度考核目标以牵引企业的发展。

管理整个市场格局的职责通过"山头目标"与"份额目标"这两个专业贡献指标体现。

1. 山头目标：新客户、新区域、新产品的突破

任总把达成山头目标称为"增强土地肥力"，一块生荒地要翻三五年才能成为一块熟田，但是如果不开荒，农民将来就无田可种，企业也是如此。企业在战略规划中应明确对山头目标的选择、山头目标的评价方式、山头目标的激励方式。

华为每年把营销预算的 18% 分到山头目标的达成上，在山头目标上投入的费用可能高于从中获取的回报，也就是投入大于产出。比如在北非地区市场开拓的过程中，华为采用了"赛马"的办法，把地区部签的第一个订单称为"灯塔项目"或"插旗工程"，对于最先完成签单的团队，无论订单金额大小，华为都会奖励 100 万元的奖金包。因为这第一个项目的价值不仅体现在金额上，还体现在品牌效应上，起样板点的作用。

2. 份额目标：老客户、老产品市场占有率的提升

份额目标又被称为"多打粮食，颗粒归仓"。在这方面华为会消耗营销预算的 82%，通过合理的目标设计，牵引出老客户中的增量。比如去年获取了某个客户 25% 的市场份额，那明年能不能增长到 35%？企业要通过增量牵引销售团队每年都有新的价值创造，不满足于现状。

如果一个客户的份额达到"天花板"，没有增量空间了怎么办？那企业就要把那些善于"攻山头"、善于开拓的员工释放出来，让他们去进攻新的"山头"。而对于原有的客户，企业可以让能力稍微弱一些的员工来维护，毕竟防守比进攻更容易。

在华为的销售体系中，有一个很多人都知道的规则：攻山头容易升职，守阵地更能赚钱。

在铁三角组织设置中，AR 与 SR 是最重要的，二者体现了企业在不同角度的竞争力。很多企业对 AR 的价值有一定的理解，比如理解客户关系在业务中的重要性，但是对 SR 的潜在价值的认知严重不足。从某种角度来说，SR 比 AR 更重要，它承载了企业的产品力与品牌力，AR 能让企业活在现在，而 SR 能让企业活在未来。

交付责任人的角色定义及核心价值

铁三角组织中的最后一个重要角色是交付责任人（FR），它的核心价值在于契约化交付，也就是按合同交付。

FR 的专业贡献指标主要有两个：一是合同契约符合度，即合同是怎么签的，企业就怎么落实；二是客户满意度，即企业按照合同交付，客户仍然满意。

这两个指标之间存在互相锁定、互相约束的关系，企业不能为了完成一个指标而牺牲另一个指标。

客户满意度指标由 AR 和 FR 共同承担，即两个角色都承担了这个专业贡献指标。这也容易理解，因为合同由 AR 主导，AR 和客户沟通、确定合同条款，但是合同的履行主要由 FR 负责，这就意味着要想达成理想的客户满意度指标，这两个角色必须紧密协作。

按照一般企业售前与售后工作脱节、职责不一致的工作方式，FR 很难在满足契约化交付的同时，仍保持较高的客户满意度。因为在这种工作方式下，后端对前端工作的参与度不够，不完全了解一线对客户的承诺是怎样的、是不是自己能完成的。一线对客户的承诺并没有经过交付团队的确认。

而这两个指标则使销售项目组必须改变以往的工作方式与管理方式，这带来的主要变化有三个。

第一，在销售项目立项阶段，FR 就加入销售项目组，这样可以把后端的交付成本数据带到前端，带到售前阶段，让销售项目经理清楚了解客户的每个条款变化会在交付阶段产生怎样的成本差异。

企业可以把以前在项目中犯过的错整理成 A/B 类禁止条款，即这些条款企业是做不到的，一旦签订会给企业带来很大的业务风险，并要求销售项目组在项目运作过程中尽可能通过引导避免签订这些无法履行的条款。

在与客户商谈合同的时候，并不是每个条款都没有商谈的空间，但是售前团队通常并不知道哪些条款是有风险的，如果能够提前识别这些有风险的条款，他们就可以在项目运作过程中优化这些条款，提升合同的质量。企业要能够管理契约，保证不在合同中约定做不到的事情。

如果客户特别强势，要求企业必须接受一些风险条款，那么提前识别这些风险条款仍然是有意义的。企业做不到的承诺就是风险，交付的不可达成也是风险之一。

华为用风险管理表把所有风险都量化成金额，再评审对冲后的利润，项目的利润若达不到公司的要求，合同审批就无法通过，合同就无法签订。这个制约机制的存在，会督促一线客户经理和解决方案经理同客户沟通，尽可能不把那些风险条款放入合同。

如果一定要放进去，那么成交的商务价格有可能就要提高。企业可以在合同的整个生命周期中，通过风险管理表对已识别的风险进行管理，包括评估风险爆发的可能性、风险爆发后产生的金额损失，提前准备风险应对预案。

第二，交付团队通过流程再造，将交付流程向前延伸，增加了预投入阶段。在每周的交付团队例行管理会议上，除了正在交付的项目的进展情况，交付团队派到销售项目组中的 FR 会汇报当前正在洽谈的销售项目进展情况及销售团队对交付团队的要求，给交付团队提供比较充裕的交付资源准备时间。

比如在销售项目立项后，LTC 流程会向交付流程下发项目交付任务书，交付团队要基于该任务书来制定交付策略与方案，保障在制定营销流程与提交解决方案阶段，可以把交付方案整合至项目的总体方案。

第三，定义了合同交底会这一正式的售前与售后交接活动，建立了明确的活动要求及质量标准，保障了工作界面的清晰，避免售前、售后互相推卸责任。

铁三角角色与传统职能型岗位的关键差异

铁三角组织与传统职能型岗位最大的差异在于，前者要改变传统组织设置中大家都为自己的事情负责但没有组织为最终结果负责这一弊端。企业想让员工重视哪些工作，就应把这些工作定义到员工的岗位职责中，比如很多企业很关注回款，就会把回款要求放入销售的岗位 KPI 中。但是在实际的业务中，事情是不可能穷举的，如果在业务中出现了一件没有被包含在任何部门职责中的事情，或者是一件与很多部门都有关系的事情，就会出现谁也不管这件事情的情况，这件职责模糊的事情在业务中就容易爆发风险。

铁三角组织基于两点为结果负责。

第一，为了满足客户需求，相较于竞争对手建立竞争优势，企业用专业贡献指标来明确铁三角组织的分工，让大家了解铁三角组织中的每个角色在客户需求的整个生命周期中将发挥什么样的价值。比如 AR 负责客户关系、客户满意度及竞争对手"压制"；SR 负责市场格局管理；FR 负责在契约化交付的基础上保证客户满意度。每个角色必须在满足客户需求的整个生命周期中，为自己专业领域的最终结果负责。

为什么一直强调铁三角组织不是一个单独的部门，而是一个包含诸多部门的完整体系呢？因为华为要求铁三角组织在客户需求的整个生命周期中为本角色专业领域的最终结果负责。客户需求的生命周期时间跨度大，涉及的客户部门也多，铁三角组织中任何一个单独的部门，都没有能力为本专业领域的最终结果负责。

比如，很多企业以为 AR 就是销售，AR 这个体系要承接企业在战略层面选择的客户（通过客户分级来确定选择哪些客户），基于选择的客户建立客户关系，开发客户的价值，并且在市场前端"压制"竞争对手。

实际上，这并非只是 AR 这一体系的职责，而是需要多个部门共同承担的职责，比如应在公司总部设立客户群管理部来承接客户资产管理工作，并且监控各个市场客户开发的进展与质量；设置重大项目部来统管竞争对手"压制"；设置销售管理部来作为各个区域市场的销售管理平台，发挥资源中心、能力中心、服务中心的作用。可以看到，AR 并不仅仅是销售。

第二，在满足客户的一个具体需求时，企业可以把项目作为业务管理的最小单元通过流程把铁三角角色连接在一起。铁三角组织中的三个角色需要彼此协同配合，共同为生成高质量的合同展开协作。企业要解决以往在项目中职责不清晰、互相推卸责任的问题，项目各质量要素应有且只有唯一的责任人。

铁三角组织在项目中承担的经营职责如表 6-1 所示。

表6-1　铁三角组织在项目中承担的经营职责

关键决策点中的决策要素	问责 华为As-Is	问责 华为To-be
客户背景和客户价值标准	客户经理/产品经理	AR
竞争环境和赢单策略	客户经理/产品经理	AR
价值主张	客户经理/产品经理	AR
解决方案策略	产品经理	SR
产品线/服务线/IPD方案协同	产品经理	SR
华为财务收益预估	无	AR
风险	客户经理/产品经理	AR/SR/FR
定价策略	高管领导	AR
融资策略	融资经理	AR
谈判策略	商务经理	AR
合同条款	商务经理	AR
合同执行策略和交接	交付PM/服务经理	FR

华为 As-Is：变革前的组织现状
华为 To-be：变革后想要实现的状态

1.AR 负责制定并输出总体解决方案与驱动盈利性销售

对外，面向客户的时候，AR 要在项目期间制定并输出总体解决方案，建立并维护客户关系，在项目的过程中管理并控制客户的期望值，以平衡项目的成本；对内，AR 要驱动盈利性销售，寻找并选择让企业更能盈利的商机进行运作，同时要保障项目的成功率。AR 中的销售项目经理将作为项目的CEO，在其他项目成员的帮助下，负责项目的财务概算与预测，承担定价、报价的策略职责，管理合同条款并进行风险识别，等等。

2. SR 负责总体解决方案的竞争力，包含技术方案、服务方案及第三方设备

SR 在项目中要支撑 AR 制定并输出总体解决方案，规划总体解决方案，保障总体解决方案的质量及标书的质量，以提升总体解决方案的竞争力；要准确理解客户需求，制定能满足客户需求的有竞争力的总体解决方案，并引导客户接受总体解决方案；要确保总体解决方案与企业的战略及产品或服务组合一致，避免项目团队因受短期利益诱惑而犯错，在非战略机会上浪费过多资源，这从长远来看得不偿失；要准备配置清单与报价，识别总体解决方案的风险并制定风险规避措施等。

3. FR 负责在按合同交付的同时管理好客户满意度，并处理合同履行、交付项目管理、服务交付等事宜

FR 主导合同交付，负责合同执行策略的提出及相关风险的识别与规避；要保障合同（包括开票）成功履行，确保企业与客户双方都完全履行了合同义务；负责解决企业与客户在合同履行过程中的争议等。

这里要特别澄清一个概念：**角色并不等同于岗位**。很多企业在建立铁三角组织时特别容易弄混这一点，比如经常把 AR 等同于销售。实际上，角色与岗位并不是同一个概念。举个例子，我在儿女面前是父亲，在妻子面前是丈夫。这个"父亲"或"丈夫"，是我在面对不同的人、身处不同场景时的角色，它们代表了我在不同场景中的能力与责任。铁三角组织中的三个角色也是如此。

很多人对铁三角组织有严重的误解，认为只有规模够大、业务够复杂的企业才需要建立铁三角组织，其实并非如此。铁三角组织是一种新的组织建设思路。假设现在有两家各有三名员工的公司，其中第一家公司采用"一条龙经理"运作方式，要求每个人从头到尾负责一个项目；第二家公司则采用铁三角运作方式，要求三个人共同负责三个项目，把那个最喜欢与人沟通、最擅长与人相处、最善于建立客户连接的人定义为 AR，同时负责三个项目的客户关系维系，挖掘客户需求；把技术水平最高的人定义为 SR，专门负责为三个项目输出方案；把心思最缜密、工作推动能力最强、计划管理水平最高的人定义为 FR，专门负责三个项目的交付。

两个公司都是用了三个人，但是第二家公司的项目质量会更高，因为这种资源运作方式非常符合现代工业化发展中对于专业分工的要求。当第一家公司每个人只做过一个项目的时候，第二家公司的人都做过三个项目了，而且每个人做的都是自己最擅长的部分，因此更容易形成专业化的能力沉淀。

铁三角组织是一个混合型队伍，是一支精兵，因为它的分工更精细，在每个方向上的专业技能建设更有针对性。在简单的业务场景中，铁三角组织的三个角色可以合一，比如销售今天去拜访客户，这是 AR 的职责；拜访时客户反馈说设备坏了，需要买备件，给出设备的配置和报价是 SR 的职责；下了班，把备件给客户送过去是 FR 的职责。

因为这件事很简单，所以销售一个人就能完成三个角色要做的事情。使用这种资源运作方式，企业在客户界面配置的资源更少，同时也能满足客户需求。在这种场景中，铁三角组织中三个角色的价值都在销售的身上得到了体现。

但是，如果现在要做的是一个价值几千万元的项目，企业就会对每个角色提出更高的专业化要求：可能需要很多人维系客户关系，承担 AR 的职责；可能需要一个团队承担 SR 的职责，以此保障解决方案的竞争力；也可能需要一个团队承担 FR 的职责。那么此时，组织的职责分工就要清晰，而且员工的专业能力要足够强，这样企业才能相较于竞争对手形成能力优势。

铁三角组织的运作模式在哪种行业、哪种企业中更适用？我认为想使用这一运作模式，需要符合两个条件。

第一，企业所在的行业市场空间很大，市场发展很快，会产生持续的人才需求（在铁三角组织的运作模式下，人才供给效率会很高）；第二，企业所在行业的头部客户比较集中，即行业的客户总量少、体量大、专业化程度很高，而且未来会越来越高，同时竞争对手也很强大（铁三角组织中的每个角色都有很强的专业化能力，能够与客户共同进步，持续理解并且满足客户的需求，同时与竞争对手形成能力差距）。

第 7 章

铁三角组织怎么建

铁三角组织是一种小前端、大中台的组织，其运作模式为"兵力要前轻后重、火力要前重后轻"。

"兵力要前轻后重"，指的是在每个客户界面要少量配置资源，比竞争对手连接更多的客户，大部分资源要放到中台上，基于市场的变化灵活进行资源调配。

"火力要前重后轻"，指的是既然企业在客户界面配置的资源较少，那员工的能力就要强，要做到一专多能，这样才能敏锐地察觉市场的变化，持续深入地理解客户的需求，牵引企业进行精准的资源投放，服务好客户。

整个铁三角组织的建设，是围绕提升铁三角组织的专业化能力以及改善资源复用性这两个核心点展开的，具体体现为自上而下以区域为核心建立并壮大经营单元，以及自下而上以客户界面倒推建立铁三角作战单元。

自上而下：以区域为核心建立并壮大经营单元

随着成员越来越多，一个大家族中会出现很多之前没出现的问题，因此古代很多家族在家族成员成年后会分家，以此维持家族的繁荣昌盛。在这方面，企业也是如此。随着企业规模的不断扩大，企业管理变得越来越复杂，组织效率变低，而组织运作成本在上升，企业也需要用"分家"的方式重新定义业务管理单元，实现组织的扁平化，降低管理的复杂度与成本，提升组织的运作效率。

华为是一个很庞大的组织，但是组织建设逻辑相对比较清晰，落实"分灶吃饭"的原则，以区域为主线建立、发展、壮大经营单元，营销体系自上而下划分为片联、地区部、代表处三个层面的区域经营单元（见图7-1）。

最大的区域经营单元是片联，所有的区域市场都在片联的管辖范围内。片联的管理者被称为片联主席，这一岗位承担经营职责，他以最终的经营结果向董事会和轮值CEO负责，我们可以把其理解成"商人"。

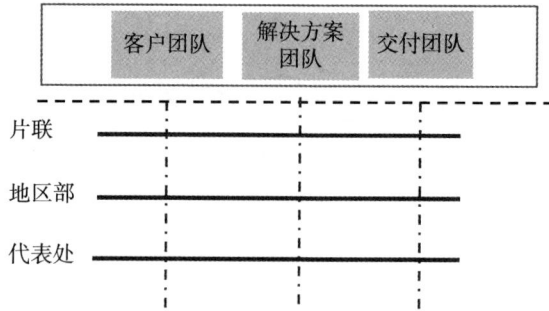

图 7-1　自上而下划分区域经营单元

片联的经营结果要依靠两类专业化组织的支撑，一类是作战组织，就是铁三角组织；另一类是支撑作战的平台组织，比如财经、人力资源、法务等部门。片联的铁三角组织位于铁三角体系的顶端，分别由客户群总裁、解决方案总裁、交付总裁管理构成，但这三个人有一个共同的领导——片联主席。

这样设计组织的目的是让专业线服务于经营线。当铁三角的三条专业线出现意见不统一、利益不统一的情况时，各专业线的领导可以请经营线的领导来仲裁；而经营线的领导会站在经营结果最优的角度，给出解决方案。这也是企业建立经营单元的目的——实现经营单元的经营结果最优。

片联的各个铁三角组织中，三个角色各自拥有资源，比如解决方案总裁有"解决方案专家团队"，交付总裁有"交付专家团"，这些是位于公司总部的机动团队，可以根据各区域市场的项目情况、资源情况，灵活、机动地"冲"到一线参与项目，以强化企业在项目中的专业力量。

片联的各个铁三角组织除了会在公司总部保留一部分机动团队，还要求片联下属的区域经营单元（各地区部）把自己拥有的高端资源（比如各地区部的五、六级专家）的 20% 放入公司资源池，供公司在项目有需求时调用。这里不是指要把专家调回公司总部，专家还是位于各区域，而是要在 IT 系统中把专家放到专家资源池里。

资源池制度是华为在组织资源运用方面的创新之一，它是基于一种业务假设而建立的制度。通常，公司在全球的项目不会同时运作，在非洲有大项目时，在欧洲的业务可能很少；在欧洲出现大项目的时候，非洲的资源又可能被闲置。高端资源每闲置一天，对企业都是一种巨大的浪费。建设并有效运用资源池，可以在不增加高端资源总数的情况下，提升 20%~30% 的高端资源使用效率。

那各个区域为什么愿意把高端资源释放出来给别的区域用呢？是因为针对所有区域经营单元，每月召开的经营分析会都会监控本区域的经营绩效，比如人均产出数。如果区域的经营绩效达不到公司对经营单元的要求，区域就必须进行资源的释放。既然区域不能用公司的资源创造价值，就要把这些资源释放给能创造价值的区域，即资源可以为你所用，但是不为你所有，资源是跟着机会走的。

正是因为公司有经营成本压力，所以在区域业务量不足的时候，把资源释放出来给其他区域用不但能够降低经营成本，还能为本区域创收，因为谁使用资源，谁就承担成本，这相当于释放资源的区域派人出去打"短工"，向其他区域提供的租用价格除了包含员工的人力成本，还包含区域的管理费。

当然，如果本区域的资源不够用，也可以用同样的方式从资源池里买资源，这就是基于资源池形成的资源买卖机制。这种短期租借的资源从成本上来看费用较高，但是比再雇一个专人更划算。

片联覆盖全球市场，但市场太大，不好管理，因此华为把区域经营单元细分为地区部。

地区部可以被理解为缩小版的片联，其组织设置、职责、运作方式与片联是对应的，只有这样，企业才能把片联的职责下沉到地区部。其中，地区部的总裁负责承接本地区部最终的经营结果。

地区部也涵盖两类组织，一类是作战组织，就是铁三角组织（分别由地区部销售副总裁、地区部解决方案副总裁、地区部交付副总裁构成），另一类是支撑作战的平台组织，比如人力资源、财经、供应链等部门。

地区部中仍有资源池，比如地区部的解决方案专家团队和地区部的交付专家团，这些资源池的建立与使用逻辑与之前提到的公司资源池类似，在地区部不同国家的市场之间，项目也不会同时运作。在地区部建立资源的二级缓冲机制可以解决地区部不同国家的市场之间资源复用的问题。同样，地区部的铁三角组织也会要求下属的区域经营单元（各代表处）把所拥有的高端资源的 20% 放入地区部资源池，由地区部统一调配，这复制了公司资源池机制。

在把片联细分为地区部，把管理向市场前端延伸的过程中，华为特有的矩阵式管理，也就是交叉管理出现了。比如地区部销售副总裁在区域经营线上要向地区部总裁汇报工作，但是在专业线上他又要向公司客户群总裁汇报工作。

面对两个领导，他在工作中应该听谁的命令呢？

在管理中，华为采用的方式是，区域经营线上的领导掌握第一考评权，而公司专业线上的领导掌握第二考评权。但是在实际的考评中，基本上以第一考评权为主，考评原则是"谁用谁评价"。如果区域经营线领导，比如地区部总裁与公司专业线领导（公司客户群总裁）对地区部销售副总裁的考评出现严重分歧，一般由公司专业线为区域调换人员。

既然区域经营线认为这个人不合适，公司专业线就要负责换人，但是公司专业线不能动摇区域经营线的考评权，因为如果区域经营线失去了考评权，区域经营单元的领导就失去了对这个人的约束能力。如果把区域经营单元理解成一个独立的家庭，家庭中的家长要更有权力，不但铁三角组织由区域经营单元的领导负责考评，各区域经营单元支撑作战的平台组织，包括人力资源、财经、法务、供应链等部门领导的考评，也是由本区域经营单元的领导来负责的。

为什么要设立这样的制度？因为按照"分灶吃饭"的原则，每个区域经营单元都是一个独立的管理单元，就像一个完整的家庭。公司按照各区域经营单元的经营绩效进行考评，各区域经营单元的奖金包及组织绩效考评包都依靠本经营单元的经营绩效来确定，而区域经营单元的评价与分配是在公司已经给予其评价的基础上进行的。

简单解释一下，这个区域经营单元有 10 名员工，公司对这个区域经营单元的评价为 A（优秀），分配了 100 万元的奖金包，同时给了一个绩效考评包，里面包含 2 个 A、4 个 B、4 个 C。

那么该怎么分配这 100 万元的奖金、评定这 10 名员工的绩效呢？根据规则，结果是由区域经营单元的领导在公司分配的基础上，基于各个组织的贡献确认的。分配范围涵盖整个经营单元的组织，包含作战组织，也包含支撑作战的平台组织。大家在同一个区域经营单元中，是一损俱损、一荣俱荣的利益共同体。

比地区部更低一层的区域经营单元是代表处，它是华为最小的区域经营单元，在国内按照省来划分，在国外按照国家来划分。但是并非所有的省或国家都可以成立代表处，只有营收规模能够稳定在 2 亿美元以上的区域才有资格申请成立代表处，华为在全球有 170 多个代表处，这些代表处是华为最贴近市场前端的经营单元。

代表处是一个缩小版的地区部，麻雀虽小，五脏俱全，包含负责经营管理的岗位——代表处代表，也包含作战组织，又称铁三角组织（分别由销售副代表、解决方案副代表、交付副代表构成）和支撑作战的平台组织（如供应链、人力资源、财务等部门）。

代表处也有资源池，建立这个资源池的目的是支撑一些新兴市场的拓展，比如在刚开始拓展一个国家的新市场时，项目团队在当地的资源比较匮乏，有资源需求，此时可以向公司指定的代表处求助。

通过这样的区域市场布局，华为像构建蜘蛛网一样把整个市场连接在一起，实现了资源管理与业务管理的贯通，保障了公司的经营职责从公司总部一直延伸到市场最前端。

自下而上：以客户界面倒推建立
铁三角作战单元

企业是商业机构，生存是企业经营的底线。华为按区域、行业、客户、项目等定义不同维度的经营单元，是希望不同维度的经营单元都能承担经营管理的责任。如果所有人都只做事，不关注经营管理，那经营管理的责任与压力就完全集中在某个人或某几个人身上了。

这就是以区域为主线，将区域经营单元作为组织孵化与裂变的基本细胞，建立和发展经营单元的原因。但是仅定义经营责任是不够的，营销组织还必须具有比竞争对手更强的服务客户的能力，否则企业无法从市场中获取订单，也就无法生存。

那怎样才能建立比竞争对手更强、更能打硬仗的销售团队？答案就是由市场前端、客户界面倒推，建立铁三角作战单元。

我们来看图 7-2，市场前端最小的经营单元（代表处）与客户之间出现了一个特殊的组织——系统部铁三角。

262

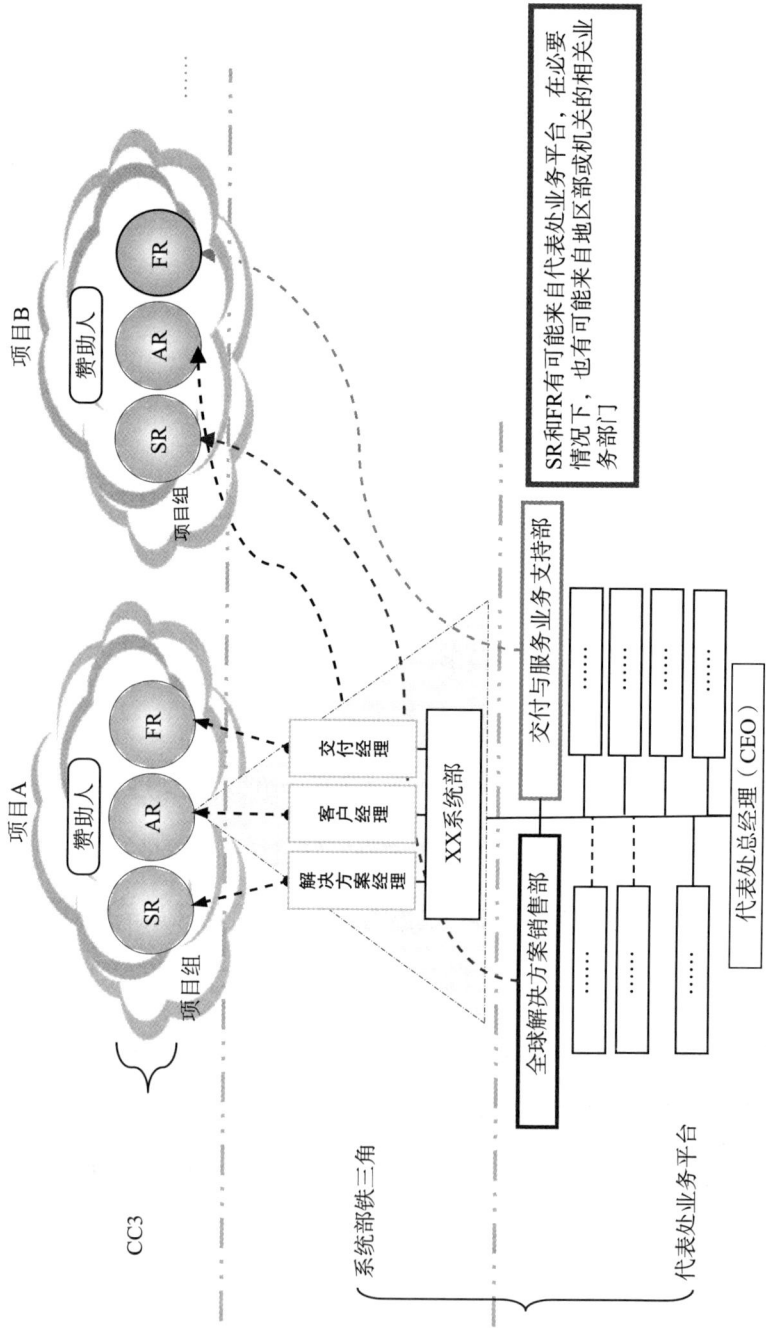

图 7-2 由客户界面倒推出系统部铁三角

系统部铁三角的特殊之处在哪里呢？它是跨专业的混合型团队，系统部铁三角中包含销售人员、技术人员甚至服务人员。在经营单元中，铁三角组织分属各部门的资源部门，由不同的管理者管理（比如代表处的销售副代表管理客户经理，而代表处的解决方案副代表则管理本代表处所有的市场技术人员），但是系统部铁三角中出现了融合，一个组织中包含了铁三角组织中的不同资源，但是只有一个主管（由客户界面的 AR 主管担任系统部主任）。

这种融合型组织有什么特别的优势？以客户的视角来看，有句老话是"好钢要用在刀刃上"，企业与企业之间的竞争最终体现在客户接触中，为一个客户配置系统部铁三角融合型组织，能够让企业更加全面地贴近客户，在客户需求的整个生命周期中以团队的形式实现端到端的服务。

系统部铁三角就像一根锐利的箭头，与竞争对手那种单兵作战、各自为战的工作方式相比，企业若以团队对战个体、以专业化对战业余，很容易在客户的感知上形成竞争优势。

从公司管理的角度来看，这种组织运作方式也有三重优势：第一，系统部铁三角属于一个组织，不同的角色在同一个领导的指挥下开展工作，能够形成一个统一的营销策略；第二，系统部铁三角中的不同角色分别对接客户的不同部门，但是回到公司，作为同一个团队，不同角色之间可以充分共享客户信息，以此更全面地了解客户并发现机会；第三，拥有不同专业能力的人长期一起工作，彼此了解，工作的默契度更高，在项目中能够更好地配合。

与经营单元不同，系统部铁三角是一个作战组织，以提升战斗力为组织发展的目标。除了承担公司要求承担的财务指标，系统部铁三角还关注每个客户市场价值的开发，比如持续分析客户侧的市场空间，考虑公司在客户侧的产品布局、各产品的市场份额，同时管理竞争格局。也就是说，作战单元除了要完成财务数字，还要关注每个客户的格局管理，保障企业在客户侧的业务是可持续的。

看到这里，大家可能会疑惑：华为很大，资源也很多，所以它有能力为每个客户配置铁三角组织，但是很多企业的规模没华为这么大，那它们应该怎么学习并建设铁三角组织呢？

要说明的是，即使是华为，也不会为每个客户都配置铁三角组织。

华为有完整的铁三角组织建立与资源配置原则，下面以一个新市场的拓展过程来分析，铁三角组织是如何从无到有、从小到大发展起来的（见图7-3）。

例如，A地区部要拓展B市场，首先会从地区部挑选合适的人，将其派到B市场，并且把B市场先挂在附近的代表处下面管理，人员管理与绩效管理都由附近的代表处负责，这在前面也讲过。派到B市场的这个人的岗位职级不需要很高（可以是来公司工作3~4年的、岗位职级为14级的业务骨干），但他需要是一个"通才"，比如他是从SR转岗AR的、销售和技术都懂的人，这样才容易开展工作。

对新市场派出的资源属于战略投入，企业无法预计什么时候会产出订单，也不会要求马上产出订单，通常会给这个人半年、一年甚至两年的客户关系发展期，让他在客户关系管理流程的管理下，实现客户关系拓展这一目标。

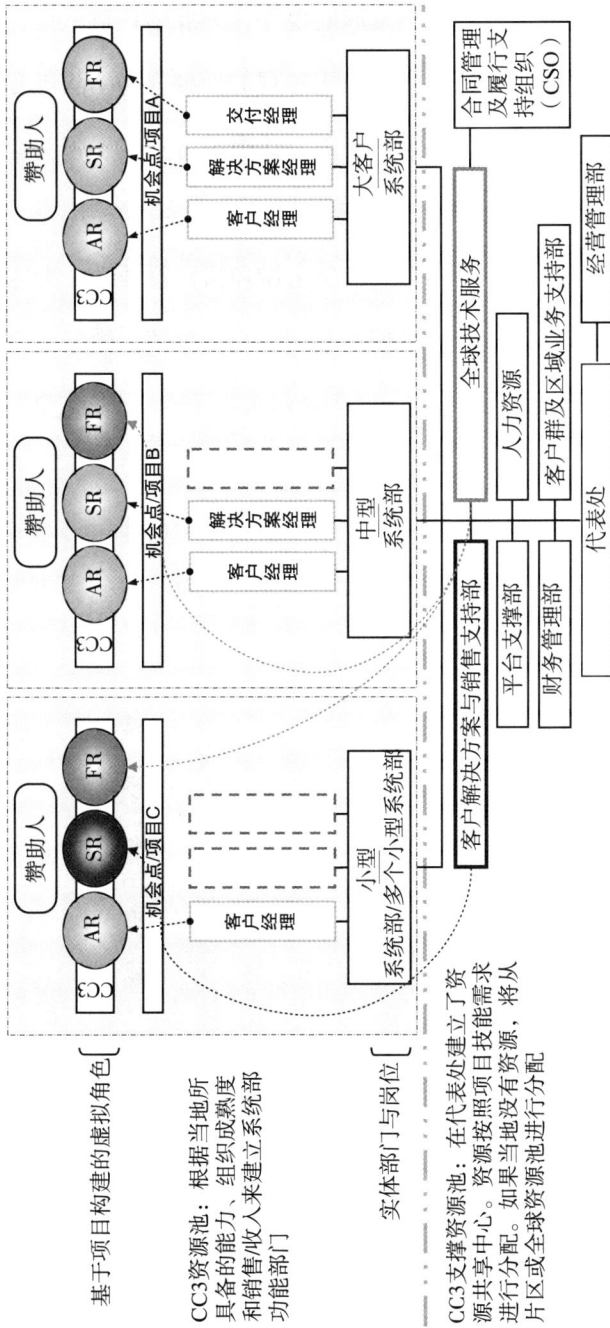

图 7-3 区域销售团队发展壮大的过程

基于项目构建的虚拟角色

CC3 资源池：根据当地所具备的能力，组织成熟度和销售收入来建立系统部功能部门

实体部门与岗位

CC3 支撑资源池：在代表处建立了资源共享中心，资源按照项目技能需求进行分配。如果当地没有资源，将从片区或全球资源池进行分配

265

在此期间，企业会以客户关系发展的事件作为业绩评价依据。曾经有一年，华为以海外市场团队邀请客户回公司参观的次数作为团队年度绩效考核依据。之后，当客户关系有了一定的基础，获得了客户高层管理者的认可与支持，合作的窗口就打开了，客户表示有个项目欢迎华为参与。

可是华为当时在当地只有一个人，怎么做项目？没关系。当地的销售把商机录入公司系统后，可以依据流程发起项目立项申请。如果立项申请被公司审批通过，公司就会成立项目组，其中就包含最关键的项目型铁三角。

职能型铁三角与项目型铁三角

职能型铁三角是建立在经营单元中的分属不同职能部门的铁三角，也是在客户界面上的各专业角色混合在一起的系统部铁三角，这两类铁三角在公司的组织架构中都能看到，是固定的组织；但项目型铁三角则不同，它是按照项目对资源的需求而构建的临时型组织，在项目立项后才成立，项目结束以后资源就要被释放。

这种临时型组织恰恰是铁三角创造价值的主要组织形态，它的资源来自客户界面的系统部铁三角成员。在系统部资源不足的时候，各级资源池也会提供资源（比如公司、地区部、代表处的资源池），其总体原则是按照项目对资源的需求配置资源，但是这些资源不是公司免费提供的，是项目组向公司买来的，这些人是来打"短工"的。

无论资源来自哪里，到了项目组后，都要在项目经理的统一调控下开展工作。如果项目签单了，这些资源就要被释放，从哪里来，回哪里去，但是他们会带着自己的"工钱"走——这些人在项目中的投入会被计算为项目成本。如果项目失败了，这个项目成本怎么计算？失败的项目一样要计算项目成本，打"短工"仍然有工钱，只是这个成本要由上级经营单元来承担。

当一个区域没有营收、没有签单的时候，公司在这个区域的投入属于战略投入，相当于"借钱"给区域，等区域有了营收后慢慢扣还。但是当一个区域有了营收后，公司对于区域的要求就会转变为"自己养活自己"。比如 B 市场处的项目团队签了 2000 万美元的订单，依据财务原则，公司会给这个区域计算出一个金额为 500 万元的薪酬包，这就意味着这个区域可以扩张团队了。

关于在团队里增加什么人，区域主管有决定权，但是有一个限制条件：加入的人的薪酬总额不能超出薪酬包。区域一般会优先增加有作战能力的人，比如销售人员或技术人员。当组织中的人变多了，团队能够运作的项目也就多了，此时，区域可以通过流程发起项目立项申请，成立更多的项目组，仍然从各级资源池购买所需资源。

随着项目的增多，区域的营收进一步增加，薪酬包变大了，区域可以增加更多的人，除了增加担任铁三角角色的人，甚至可以增加平台组织中的人，比如人力资源、财经、法务等方面，但是增加的人员成本要由区域来承担。当区域的营收规模能够稳定在 2 亿美元以上时，该区域就可以向公司申请成立代表处，也就是要从大家庭中分出去，独立"过日子"了。

成立代表处有什么好处呢？

第一，代表处能力更强。代表处是一个真正意义上的分子公司，麻雀虽小，五脏俱全，铁三角组织、资源池、各个平台组织（人力资源、财经、法务、供应链等部门）都具备。

第二，代表处权力更大。华为的变革方向是把资源和权力向代表处延伸，以实现公司在组织上的扁平化，提升组织的运转效率。代表处有独立的法人，公司要求90%以上的项目的整个生命周期管理都能在代表处完成。

第三，代表处的员工待遇更好。当一个员工刚去拓展新市场的时候，他可能只是一个岗位职级为14级的业务骨干，虽然被任命为企业在某个"国家市场"的代表，但是职位比代表处的系统部主任低。可如果他能够成功开拓一个新兴市场，比如将某个新兴市场发展为一个营收规模稳定在2亿美元以上的代表处，代表处的岗位职级是20到22级，那他的年薪就可能变成几百万元了，这就是华为一直强调的"谁打下的山头，谁来当司令"。

通过上面的介绍，我们能够看出华为营销组织的发展逻辑，它是以市场前端、客户界面来建设组织、定义业务运作规则的。组织发展会经历不同阶段，经历战略投入，随着营收贡献的增加而发展壮大，最终裂变成新的经营单元，这一营销组织的发展逻辑是比较清晰的，规则也比较明确。

铁三角组织与铁三角扩展团队

在辅导企业建立并且运作铁三角组织模式的过程中，企业问得最多的问题是"铁三角组织与后端的平台部门之间究竟是什么关系"。大部分企业遇到的问题是铁三角组织与其后端的平台部门分属不同的专业领域，组织职责不一致，因此经常在实际业务中产生矛盾，形成内耗。

当企业把组织区分为前后端的时候，本质上就已产生了组织的割裂。华为早年在供应链部门的墙上挂了一个写着"市场没有前后方"的横幅，目的是引导大家改变认知，认识到各个部门之间不要区分前后方，一切都要对准"为客户创造价值"。但是仅有口号是不行的，必须通过组织方案设计，在源头上根除前后方割裂、业务脱节的问题。

华为通过定义区域经营单元，把铁三角组织与后端平台部门划分到不同的区域经营单元中，让它们组成一个完整的"家庭"。我们可以想象成财经系统与销售组织本来是两个不同的家庭，但是财经家的女儿嫁给了销售，成为销售组织的一分子，也就是形成了财经下沉的业务伙伴（Business Partner，BP）型组织。由于财经家的女儿嫁给了销售，两个家庭因此连接得更紧密了。

在家庭中有"男主外、女主内"的说法，那在区域经营单元中如何协同铁三角组织与后端平台部门之间的工作？华为通过流程集成的方式，拉通不同专业领域的业务活动，营销流程作为主流程调动各专业领域的业务活动，二者共同服务客户。在流程中，通过明确接口关系，企业定义在具体的业务场景中各角色的工作职责及分工界面。

大的原则是企业应以铁三角组织为核心（铁三角组织代表客户需求），推动跨功能领域的合作，后端平台部门为铁三角组织提供支撑。简单理解，就是铁三角组织直接服务客户，而后端平台部门是通过支撑铁三角来间接服务客户的，是幕后的无名英雄。

我们以铁三角创造价值的组织形态"项目型铁三角"为例，理解铁三角组织与平台部门之间的工作接口关系（见图7-4）。

项目型铁三角作为承接项目经营结果的责任主体，其中每个角色对接的平台部门与本角色的项目核心职责息息相关。

1. 客户责任人

对外，AR要在项目期间建立并维护客户关系，在项目过程中管理并控制客户的期望值，对于这些工作，平台部门无法提供帮助，只能靠AR自己完成；对内，AR要驱动盈利性销售，负责报价、融资、财务测算、风险管控等很多专业性极强的工作，在这些方面，AR必须得到平台部门的帮助，这样，他们才能履职。因此我们可以看到，与AR对接的平台部门大多是与资金或风险控制相关的，比如项目财务控制人、资金经理、税务经理、开票专员、应收专员等。

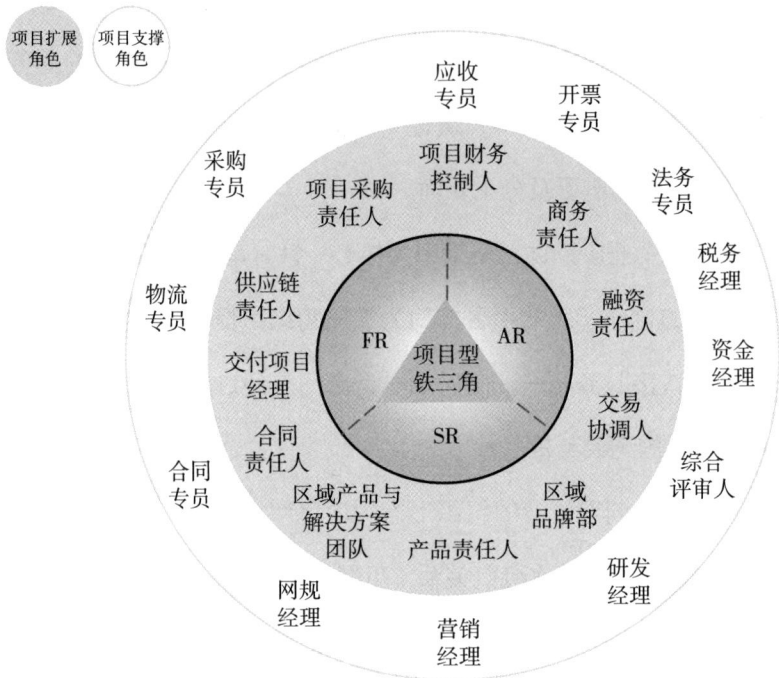

图 7-4　铁三角组织与平台部门的工作接口关系图

2. 解决方案责任人

SR 在项目中作为客户需求的代表，需要理解、引导、控制客户的需求，生成有竞争力的解决方案。但是在高科技行业或复杂的业务场景中，项目 SR 往往无法承担这样的职责。比如高铁行业包含软件、硬件、运营与安全等诸多系统，企业很难为项目配备精通各个系统的 SR，因此 SR 的履职必须得到平台部门的强力支持。

如果 SR 想通过品牌活动增强客户与企业合作的信心，需要得到区域品牌部甚至公司品牌部的支撑，将项目需求纳入公司的营销框架及组合营销活动中。

如果 SR 想让公司实现当前产品未能实现的新需求，需要把新需求传递给相关产品责任人，把需求纳入研发的产品规划。

如果 SR 想帮客户定制具有高专业度的场景解决方案，需要得到后端的区域产品与解决方案专家团队的支撑。

3. 交付责任人

FR 主要负责按契约交付，但是正所谓"巧妇难为无米之炊"，FR 的工作也要得到平台部门中采购、供应链、物流等相关部门的支撑才能完成。

支撑经营的流程型组织是怎样的

华为营销变革最终想打造的组织形态就是流程型组织。

这个流程型组织是一个系统，由三层组织构成（见图7-5）。

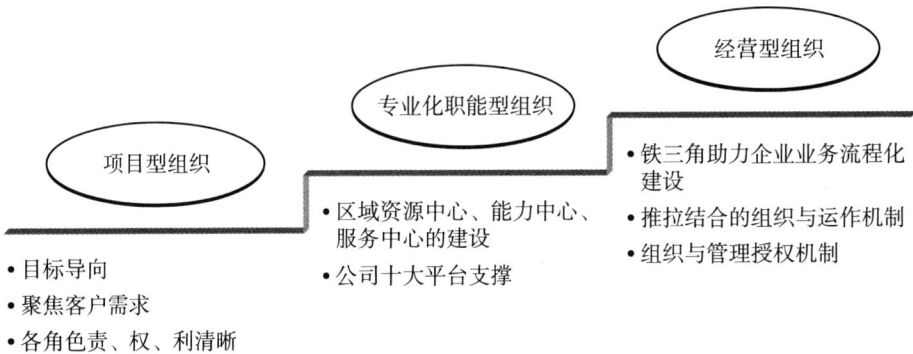

图 7-5　流程型组织的构成

底层对接市场前端、客户界面的是项目型组织，它的组织特点是灵活多变、按需配置；中间层的是专业化职能型组织，其中既包含铁三角专业化体系，也包含专业性极强的平台组织，比如人力资源、供应链、财经等，平台组织的核心价值是为项目提供足够数量、有足够能力的资源，做好后勤资源保障；顶层的则是按各个区域经营单元划分的经营型组织——市场决策团队，它能够承担企业把项目作为最小经营单元的经营管理职责，从源头把控业务质量、控制业务风险。

这里来解释一下铁三角专业化体系的建设与运作的思路。

企业按照区域划分的横向组织（片联、地区部、代表处）承接企业赋予它们的职责，它们的主要工作是面向市场前端捕捉商机，打好每一场"仗"，并且在竞争中提升能力。

而在各级区域经营单元上建立的铁三角职能部门，则要肩负起为经营单元的作战团队补充资源、提升能力的责任，纵向实现在片联、地区部、代表处中专业线的贯通，并且在专业线上承担责任，源源不断地为企业业务的持续发展提供足够数量与能力的专业化人才；而各级经营单元则承担起基于企业的战略与财务目标统一管理指挥下辖的各区域、各职能部门的工作。

这种组织建设方式最大的亮点是什么？就是实现了资源建设与资源使用的分离。大部分企业没有实现二者的分离，即营销组织既肩负了打仗的责任，又担负了资源培养的责任，这样一来，就会出现前面讲过的，职责过多从而导致不担责。这往往就会出现一种情况：项目忙的时候营销组织根本没时间去想资源补充和人才培养的事，等到想要进行资源补充和人才培养的时候，往往已经到了资源严重不足、远水难解近渴的程度，只能白白看着市场机会溜走。

项目型组织、专业化职能型组织、经营型组织共同构成一个完成的系统，即流程型组织，三者相辅相成，缺少任何一个，流程型组织都无法正常运转。

我们可以把区域经营单元想象成一个部落，职能型铁三角是部落的战士，项目型铁三角是出去打猎的战士，老人、妇女和小孩是后端平台部门。每一次打猎回来，部落的长老（经营单元的主管）该如何分配猎物？一定是先分给出去打猎的战士（项目型铁三角），也要多分一些给部落的其他战士（职能型铁三角），因为下次可能需要这些人出去打猎，最后才会分给老人、妇女和小孩（各后端平台部门），这是维持部落生存的原始智慧。

即使在打猎的过程中需要向别的部落（其他经营单元的资源池）借用战士，只要部落间提前谈好了工钱（建立资源买卖机制），通常不会产生纠纷，但是如果不建立清晰的经营单元及资源买卖机制，只建立最底层的项目型组织，那就像几个部落一起出去打猎，会打两次——第一次是大家专注于打猎物，第二次是为了多分猎物各个部落相互打，因为每个部落都想多分一些。

这就是组织设置与运作规则不清晰导致的。

流程型组织的优势还包含对资源的有效管理及提升资源使用质量。员工是企业的宝贵资产，企业需要通过人才盘点来了解目前的人才储备情况。华为通过建立任职资格体系进行人才资源管理，沿着各个专业线把能力强的人和能力不强的人逐步分层，区分开来。

对于任何企业，不论根据什么标准，能干的人永远是少数，不能干的人相对来说多一些，人才的组成结构与金字塔结构类似。

这是一个比较合理的结构。

企业对人才进行盘点是为了更好地使用资源。如果没有任职资格体系，没有资源盘点，很多人在做一件事情的时候就可能不是基于项目需求申请资源，而是基于个人对资源的了解申请资源。

比如，我在一线做项目，上次我向总部申请派一个专家支持我的项目，比如王强，我们配合得很好，客户很满意。这次项目需要专家支持，我肯定会优先考虑申请让王强来支持我。于是我和总部说："如果派王强来，我保证把这个项目做得漂漂亮亮！"拍胸脯先把资源要到手。

这种呼唤炮火的方式好不好？这样做会对企业产生一种伤害：与项目配合得好的人大家都抢着用。可能在很早的阶段，这些人都被申请走了。实际上，对于某个具体项目来讲，有些人属于"超额配置"，以这些人的能力，他们可以完成更重要的项目，只是因为他们的项目完成得太好，所以被提前申请走了。之后有更重要的项目再来申请资源的时候，资源部门会说："我能给你派专家就不错了，你不要挑这个人好用还是不好用，你不用他，也没其他人可用了。"所以越到后面，资源协调越困难。如果有特别重要的项目，一线还可以找领导帮忙协调资源，但是不可能每个项目都这样做。

如果企业没有明确的规则，对人才资源没有进行管理，在把握很多重要的机会时都会出现问题。在运作具体的项目时，团队的协同能力很重要。在一个重大项目中，项目成员可能包含商务、财务、解决方案、研发等负责各个环节的诸多成员，但只要负责某个环节的某个人不合适，都可能影响整个项目的质量。

在完成资源盘点后，企业要对资源的使用情况进行管理，由经营型组织，即市场决策团队来承担资源管理责任，通过项目立项管理进行资源投放。项目立项通过后，流程型组织中最底层的项目型组织才会成立，而企业最终通过项目型组织来服务客户，并为企业创造价值。

第 8 章

铁三角组织的核心运作机制

曾经有个企业家问我："华为这么成功，是不是因为分给员工的钱比较多？"我回答他："是，但也不是！"

有句话是"赏罚分明，令行禁止"。赏罚是企业的价值导向，如果赏罚不分明，即使分了钱，员工也可能不满意，起不到激励的效果。企业要想做到赏罚分明，就必须设立明确的规则来正确评价个体对组织的贡献。

这是一件很难的事情，甚至有一种说法是，华为的成功得益于华为的利润分配做得比较好。但即使对于华为而言，正确评价个体贡献也不是一件容易的事情，需要管理体系逐步完善、岗位要求逐步清晰后才能做到，这是一个比较长的过程。

华为的企业价值观中有一条是"以奋斗者为本"，对此还有一句补充是"不让雷锋吃亏"。如果在一次分配中存在不公平的情况，并且需要通过二次分配来解决这个不公平的情况，华为会启动其在这方面的审视机制和调整手段。

赏罚分明，令行禁止

好的机制可以把坏人变好，而坏的机制却会把好人变坏。设计管理体系的目标之一是构建好的激励导向，实现组织与个人的自我管理。

管理其实是在管理人的动机。管理者一定要深刻理解人做事的动机。违反这一点的管理是一定会失败的。企业管理中有一个误区：以为管理越严格、越细致，管理效果就越好，其实未必。

举一个大家过去熟悉的场景：在之前有一段时间，出租车还未上线网络平台的时候，相比传统的出租车，无论车况、服务还是舒适度，大部分人都觉得网约车更胜一筹。但是站在管理的角度，出租车公司比网约车平台更容易对司机进行管理。出租车公司有所有司机的身份资料，会收取一定押金，无论针对考勤还是针对司机行为规范，都可以制定严格、细致的规章制度，还可以设立细致的管理动作，比如每周开会，但是这些管理行为没能有效提升客户的服务感受与满意度。

现在再分析网约车平台对司机的管理，它肯定做不到像出租车公司那样细致的管理，因为网约车平台与司机是通过网络连接的，司机分布得很散、区域很广，因此网约车平台必须采用有别于出租车公司的管理方式，通过机制驱动管理的改进。

我们可以把这个机制分成三个环节：价值创造、价值评价、价值回报。

在价值创造环节，出租车和网约车一样，都是解决人们传统的出行问题，把乘客从甲地送到乙地，所以在这一环节，二者没有差别。但是在价值评价环节，二者出现了差异，网约车司机在乘客下车的时候通常会说"麻烦给一个五星好评"，而出租车司机则没有这个行为。

为什么二者会有差异？是因为第三个环节——价值回报。对于网约车司机而言，乘客的评价可能会影响其能不能得到平台的奖励、可否获得优先派单的机会，也就是说，价值评价与价值回报紧密相关。但是对于出租车司机而言则并非如此，乘客的服务感受好，出租车公司并不会额外奖励司机；乘客的服务感受差，出租车公司也未必会发现，不一定会因此惩罚司机。既然乘客的感受对司机的价值回报没有影响，那司机为什么要在意乘客的感受？

通过上面的案例我们可以得到什么启发？那就是只有让价值创造、价值评价、价值回报形成闭环，企业才能不断迭代和优化。以网约车司机为例，如果很多乘客对某个司机的评价不好，平台就可以把他识别出来。慢慢地，他就会被平台边缘化，无法在平台上接到订单，这就实现了资源的优胜劣汰。

企业在设计管理体系的时候，一定要关注价值创造、价值评价、价值回报是不是一体的，能不能形成管理体系上的闭环。

铁三角组织最核心的项目管理机制

目标管理是企业进行赏罚最主要的依据，大部分企业对组织贡献和个体价值的评价是基于目标完成情况进行的，但这种评价方式不一定是最合理的，主要问题在于目标本身是否合理，因为很多目标本身就是管理者"拍脑袋"得出的。

随着华为流程化管理的推行，一方面，管理者的管理能力和评价能力有所提升，华为可以在销售体系中推行项目制经营，通过财务四算的财务体系的支撑，把项目作为最小的经营单元。另一方面，公司的价值贡献评价能力也有所进步，可以采用目标评价与项目评价相结合的方式，不仅评价个体和组织的目标结果，还可以把结果拆分到一个个具体项目中，依据结果在项目中的价值进行综合评价。

华为的项目管理机制和前面介绍的网约车机制类似，包含很多类似的关键要素。比如，在华为项目管理机制中，项目组要建立共同的项目目标，形成利益共同体。华为虽然很早就在销售项目中采用项目组的组织运作模式，但是早期的项目管理机制并不健全。销售在名义上作为项目经理，是项目的第一责任人，也是唯一责任人。我以前和领导开玩笑，说在华为当项目经理有责无权，什么事情都由销售负责，但是销售实际上谁都管不了。

项目能不能做好和以下几点有关。

第一，有些时候要看销售的运气。如果运气好，公司派来支持项目的人都是职业化程度很高的专家，能自动自发地把自己的事情做好，那这个项目做得就会很顺利；如果运气不好，公司派来支持项目的专家不做自己该做的工作，也不参加会议，项目组中其他人的努力可能会因为这一个人的不负责任而白费。

如果这位专家负责的工作出现了疏漏，销售也拿他没办法，因为这位专家的工资、奖金以及晋升的权利等都掌握在其职能部门的管理者手中，项目组根本无法对其产生约束力。

针对这一点，华为在营销变革中做的第一个改变就是分权，削弱拥有资源的职能部门的权力，强化项目组中项目经理的权力，具体的做法后面会介绍。在新的变革方案中，项目经理仍然是项目质量的第一责任人，但不再是唯一责任人，项目质量是项目组所有成员共同的责任，大家一损俱损，一荣俱荣。

第二，要看项目组的资源管理能力与资源的可收费性，这两个要素是互相锁定的。对于二者的关系，用一句更通俗的话来描述也很合适：一线呼唤炮火，但是要为呼唤的炮火买单。

这个互相锁定的机制不是一开始就有的，而是在漫长的业务发展过程中慢慢摸索出来的。华为首先建立的是一线呼唤炮火的机制。得益于社会发展过程中的人才红利，早期华为在其能力范围内会尽可能满足一线呼唤炮火的要求，特别是在支持市场部门方面，研发部门更是不遗余力。

通信行业产品技术更新速度很快，所以在项目中经常需要研发部门的专家来一线提供支持。一旦到了一线，专家的管理权就掌握在一线主管手中，没有一线主管的同意擅自离开工作岗位，属于业务违规。

如果一线投诉，不但研发部门的专家要被追责，而且研发部门的主管也要进行问题回溯并被追责，因此与销售部门相比，研发部门在项目中处于次要位置，甚至有些一线的客户经理会直接向研发部门的总裁提需求、要资源。

虽然华为一直强调以客户为中心，强调市场导向，但是过犹不及，对市场的过度迁就有时也会起负面作用。比如一线不愿意提升产品技术能力，无论大事小情都要求研发部门提供支持，等专家到了一线后，一线又会用各种理由迟迟不放专家回研发部门，找各种理由留住专家。

这些都对研发部门的工作造成了很大的干扰。

那怎么突破这个困局呢？

只能从机制改变方面想办法。华为提出了上述机制：一线呼唤炮火。

但是一线要为呼唤的炮火买单，因此华为开始实行资源收费制度，即出差人员收费制度。

刚开始推行这一制度时，一线也不好意思说自己不交钱要免费用公司的资源，但是一线会质疑收费的合理性，比如觉得收费太高。这没关系，如果一线不认同公司计算出的人天成本，公司可以给一线打折，比如公司算出某个专家的人天成本是 10000 元，可以先打 7 折，按 7000 元收费，但是收费与否是机制上的变化，不可更改，费用是一定要收的。

在华为推行这一制度的前后，一线呼唤炮火的行为发生了 180 度的转变。此前一线拼命呼唤炮火，呼唤到了就扣住不放。此后，要去一线出差的员工首先要填写出差申请，在其中写清楚出差的目的、天数、每天的工作内容及会给一线提供哪些支持。由一线的销售主管审核出差申请，要在他觉得出差人员能够帮到项目并批准了出差申请后，员工才能出差。等到提供完支持，一线的销售主管一般会要求出差人员赶快到研发部门，因为出差人员多待一天，一线就要多付一天的钱。

刚开始实行这一制度时，华为还花了一段时间来解决研发部门的出差人员和一线的矛盾。以前出差不收费，一线也不好挑挑拣拣，有人来就满足了。但是现在出差人员要收费，一线就会关注出差人员的工作质量，如果他们认为出差人员没有发挥作用，就不愿意承担这个费用。

一线怎么宣泄这种情绪？就是扣压研发部门的出差人员的报销申请不批，这样出差人员就拿不到钱。那时公司还要派与一线主管同级别的领导去和一线主管沟通，动之以情、晓之以理，打感情牌，比如说"这个员工刚参加工作，家里很困难，赶紧给人家批申请"之类的话，同时还要向他许诺，等下次一线再需要研发专家支持的时候，一定派最好的研发专家给他。这样，一线主管才会不情不愿地审批报销申请。

但是一线觉得自己花了"冤枉钱"，心里总会不舒服，就会去和自己的主管抱怨，说现在的研发专家水平还不如他，就能来一线做专家。这种抱怨会像组织压力一样传递，帮企业渐渐完善铁三角项目管理机制。

完整的铁三角项目管理机制由四个部分构成，包括共同的 KPI、能力管理、决策、资源池可收费性（见图 8-1）。

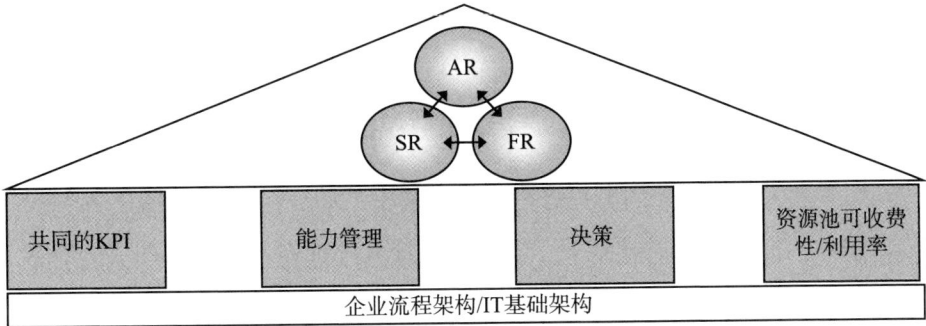

图 8-1　铁三角项目管理机制

1. 共同的 KPI，把原来由销售一个人负责的事转变为项目组所有人的事

具体方法是构建利益共同体。公司以项目的质量评价为依据，评价项目组所有成员的贡献，按照项目质量来计算项目奖金包与绩效评价包。比如，一个项目组有 5 个人，项目质量评价为 A，公司给这 5 个成员一个绩效评价包，其中有一个 A、两个 B+、两个 B；但是如果项目评价为 C，这个绩效评价包可能就有一个 B+、两个 B、两个 C。

项目组成员的评价是在公司评价的基础上进行的，因此只有项目质量好，大家才有可能得到好的评价，而评价的权力掌握在项目经理手中。

2. 能力管理，保障项目组成员的能力可以满足项目的需求

能力管理过程中有三个关键点。

第一，资源按技能需求分配给各项目。

一线呼唤炮火时，会基于项目需要的资源向经营单元提需求，经营单元审核一线的需求后进行资源的合理分配。在这里大家可能会有一个困惑：如果任由一线呼唤炮火，所有的项目都要最好、最贵的资源，公司提供不了怎么办？其实并不会出现这种情况。因为在公司对项目质量的评价中，考虑到了项目所使用的成本，比如人均产出、营收规模/项目成本等经营性指标。

简单理解，项目使用的资源越少，项目的利润贡献越大，项目的质量评价就越好，项目奖金包就越大。因此每个项目经理在接到项目任务的时候，会像去超市买菜一样不断盘算。如果想把项目总成本控制在200万元以内，他需要考虑在项目中选择什么样的资源配置方式最合适。比如他的客户关系构建得好，那他对解决方案人员的要求可能就没那么高。

为什么项目经理愿意承担精细化进行项目经营这一责任呢？因为按照公司的获取分享制原则，经营所获取的收益会体现在项目奖金包中，而且与很多公司的项目奖金有所不同，华为的项目奖金包上不封顶，完全按照项目收益计算，这也意味着项目经理会从其所做的所有经营方面的改善中获益。

这种机制非常符合组织行为学的一个观点：当员工为自身利益最大化考虑的时候，恰恰也实现了公司利益最大化。此时管理将变得非常简单，员工会做好自主管理。实际上，公司在审核各项目组的资源申请时，往往不是要求项目组少申请一些资源，而是感觉项目组过于吝啬，只申请这些资源项目将有风险，会建议再增加或调整一些资源。

第二，营销铁三角组织的项目绩效结果为职能部门绩效评估提供输入。

这一点最关键，要重点解释一下，它也就是项目的评价机制。

每个项目结束后，公司都会对项目进行质量评价，比如给 A 和 B+ 代表是优质项目；给 B 代表是可接受项目；给 C 和 D 就代表是失败项目。项目完成质量评价后，项目经理的项目绩效评价等同于项目质量评价（项目质量评价结果如果是 A，项目经理的项目绩效评价就是 A；如果项目质量评价结果为 C，那项目经理的项目绩效评价就是 C）。

同时，项目组成员也要被评价，比如项目组中有 5 个成员，公司给了一个绩效评价包，其中有 1 个 A、2 个 B+、2 个 B，这个评价将由项目经理依据员工在项目中的贡献来分配，项目质量评价在 B 以上的员工都能分到项目奖。

但是如果项目失败了，比如被评价为 C，公司仍然会给一个绩效评价包，其中有 1 个 B，2 个 C，2 个 D，项目经理仍然要把这些绩效评价分配给各个项目组成员。

这种项目绩效评价对员工有什么影响？

华为认为，员工通过项目为公司创造价值，在每个项目中，项目经理对员工的评价可能无法做到完全公正、客观，但是员工一年内参与的所有项目中的项目经理对其的评价，将在加权平均（按照员工的时间投入进行加权）后作为这名员工年终评价的重要依据。

这里补充人力资源方面的一个说法："1C 管 3 年"。意为，如果员工的年终评价为 C，那么 3 年内他的工资、奖金、配股将被冻结；即使遇到公司大范围调薪，年终评价为 C 的员工也不在调薪范围内，来自项目的评价能影响员工的年度绩效，甚至会影响员工的职业发展。

在这种评价机制下，员工还会不听项目经理的安排吗？

项目绩效评价不仅会影响员工，还会影响派出员工的资源部门。公司对于经营单元下辖的专业组织的诉求是为项目提供足够数量、有足够能力的资源。一些出差人员在项目中的评价被加权平均后，会成为资源部门的一个重要指标——一线业务支持度。

如果这个指标没有达到公司的要求，会产生 10% 的干部淘汰率，那就意味着这个部门的管理者年初还是部门主管，年底就不是了。

第三，各专业部门主导本部门人员的招聘与人才的培养。

通过项目评价把压力传递给员工，再通过员工传递给后端的资源部门，就形成了市场压力的有效传递。

使用这种组织评价机制，各部门才会主动承担本部门资源的培训、招聘、拓展任务，并且与人力资源部门携手，按照任职资格体系与岗位职级标准来培养业务所需的人才，而不是像很多公司一样，把这些工作直接推给人力资源部门。

因为人力资源部门只会补齐业务部门需要的员工，但是很难保证员工足够贴合业务的需要，而如果业务部门的员工不胜任其工作，那该业务部门和业务部门管理者都会受到影响。

3. 决策，核心是建立项目经理负责制

项目经理拥有管理项目的端到端的权力，客户需求的引导、解决方案的讨论、投标及后期的谈判，在项目授权范围内项目经理都可以自主决策，即

使是项目经理的上级领导也不能干预其决策，因为决策原则是"谁担责，谁拍板"。也就是说，项目经理掌握了项目中各工作任务的分配权、工作质量的评价权，从而掌握了项目的激励权。

4. 资源池可收费性

运行资源池收费制度的前提是建立资源成本基线化管理，并由财经、人力资源体系协助业务部门建立资源调配工具，在资源调配的时候将资源的投入转换为项目成本。公司把资源池部门所拥有的资源投入项目的可收费性（有多少项目愿意用资源池部门的资源、大家在项目中对资源的评价），作为对资源池进行绩效评价的依据。

后 记
POSTSCRIPT

　　原来，我人生规划中有一项是写一本书，对自己亲身经历的、华为企业变革的最后一公里——营销变革的历程与方案进行完整的分享。但是在写的过程中，我发现内容太多，便采纳出版社的建议把其中有关客户关系管理的内容独立出来，先出版了（有兴趣的读者可以见拙作《客户第一：华为客户关系管理法》），本书写的是余下的内容——华为的营销流程与组织。

　　这本书有什么价值？值不值得一看？对此我的回答是，现在"数字化转型"一词很受关注，但是企业在进行数字化转型前有一个必经的阶段，就是业务的流程化、标准化。没有业务流程化支撑的数字化转型是一个伪命题，就像空中楼阁一样不真实，注定无法实现，也像没有打好地基的楼，盖不好，也盖不稳。

　　以我在咨询行业从业这么多年的经验，我接触到的大多数企业的流程基础很薄弱，营销业务流程化程度很低，很多经营规模在百亿元以上的企业也处于这种状态。要想实现真正意义上的数字化转型，企业必须基于战略的需求，针对缺失的流程进行规划与建设，针对现有的流程进行流程再造，以支撑企业未来需要的数字化转型。

在企业数字化转型方面，华为应该算得上是中国企业的先行者，因为华为一直想建立一个无生命的、不依赖人的管理体系，把个人能力转移到组织上，把组织能力转移到系统上，实现业务流、数据流、控制流在 IT 系统中统一的数字化管理。数据即业务，这不正是企业数字化转型所追寻的终极目标吗？

从 1998 年开始，华为为实现通信行业"三分天下"的战略目标，把流程变革作为建立并提升企业组织能力的手段，把管理改进作为企业的长期任务，每年持续投入。华为仅在管理咨询上持续投入的咨询费用累积就超过了 300 亿元。时代的机遇与企业自身的努力成就了今天的华为，也让中国的企业掀起一股学习华为的热潮。

遗憾的是，学习华为的企业虽然多，成为"第二个华为"的企业目前却还没有产生。不同的企业有不同的"基因"，企业的成功不可能通过简单的模仿实现。我在华为时是营销流程建设的参与者与全球试点的推行者，离开华为后也一直从事管理咨询工作，非常希望把自己的认知与经验分享出来，让其他企业在建设营销流程的时候有所借鉴。

当然，学习华为的目标本来就不应该是成为第二个华为，学习华为是为了发现和成就更好的自己。企业变革是一个长期的过程，要有耐力与定力，与自己的过去比改进，与竞争对手比结果，日积月累，持续改进。

王占刚

2022 年 8 月 14 日

参考文献
REFERENCE

[1] 黄卫伟. 以奋斗者为本 [M]. 北京：中信出版社，2014.

[2] 黄卫伟. 价值为纲 [M]. 北京：中信出版社，2017.

[3] 黄卫伟. 以客户为中心 [M]. 北京：中信出版社，2016.

[4] 程东升，刘丽丽. 华为三十年 [M].贵阳：贵州人民出版社，2016.

[5] 杨爱国. 华为奋斗密码 [M]. 北京：机械工业出版社，2019.

[6] 吴晓波等. 华为管理变革 [M]. 北京：中信出版社，2017.

[7] 夏忠毅. 从偶然到必然：华为研发投资与管理实践 [M]. 北京：清华大学出版
社，2019.

[8] 邓斌. 华为管理之道：任正非的 36 个管理高频词 [M]. 北京：人民邮电出版
社，2019.

[9] 田涛，吴春波. 下一个倒下的会不会是华为 [M]. 北京：中信出版社，2012.

[10] 王占刚. 客户第一：华为客户关系管理法 [M]. 北京：人民邮电出版社，2019.

[11] 施炜，苗兆光. 企业成长导航 [M]. 北京：机械工业出版社，2019.

[12] 彭剑锋，宋劲松. 激荡 2019：从思想的云到实践的雨 [M]. 上海：复旦大学出
版社，2019.

[13] 依迪斯. 新解决方案销售 [M].北京：电子工业出版社，2014.